# 언 가슴 녹여 만든
# 봄날을

정승준

"별들이 아름다운 건, 보이지 않는 한 송이 꽃 덕분이야!"
[어린 왕자] 중에서

나의 별을 사랑한 아내(金美仁)에게 이 책을 바칩니다.

## 프롤로그 (Prologue)

함께 익숙했던 것들을
언제까지나 잊지 않으려 합니다.

오랜만에 만나면 서먹할까 봐
천일야화의 셰에라자드처럼
몇 날 밤이라도 좋습니다.

그날을 기대합니다.

프롤로그 _3

## 01. 추억, 나를 만들고 채운

어버이날에 • 10 / 멍 Ⅱ • 11 / 수국 • 12 / 새벽달 • 13 / 몽돌 • 14

잊힌 이름 • 15 / 젖은 하루 • 16 / 집밥 • 17

사람 냄새가 나서 웃습니다 • 18 / 얼굴 하나가 • 19

귀로(歸路) • 20 / 숨비소리 • 22 / 그해 구월은 • 23

가을 서정 • 24 / 가을 하늘 • 25 / 형 • 26 / 늦가을 • 27

가을비 • 28 / 정답은 • 29 / 낙엽 • 30 / 어머니의 가을 • 31

낙엽에도 • 32 / 당신은 아시지요? • 33 / 기억하기 • 34

겨울비 • 35 / 배추전 • 36 / 겨울 준비 Ⅰ • 38 / 겨울 준비 Ⅱ • 39

눈 내리는 날에는 • 40 / 껄 • 42 / 낮달 • 43 / 소년과 아들 • 44

연(緣) • 45

## 02. 응원, 그 너머의 행복을

꽃샘 • 48 / 믿음과 사랑 • 49 / 총량 불변의 법칙 • 50

보존의 법칙 • 51 / 흰여울길에서 • 52 / 불가항력 • 53

자랑짓과 칭찬질 • 54 / 그건 그냥 그런 거야 • 55 / 미래 • 56

욕심이야 • 57 / 괜히 • 58 / 안갯속으로 • 59 / 길에서 • 60

이 비 그치면 • 61 / 가을 길 • 62 / 단풍 • 63 / 타산지석 • 64

그때도 지금도 • 65 / 귀로 하는 말 • 66 / 큰 산이라 알았는데 • 67

기억의 심해 • 68 / 초겨울에서 늦가을까지 • 69 / 후회 • 70

상흔 • 71 / 가나안으로 가는 길 • 72 / 다언(多言) • 73

## 03. 일상, 간격 맞추는 은빛 동그라미

십자가 밑에라도 • 76 / 이 시간이 지난 후에 • 77 / 기다림 • 78

뜬눈으로 • 79 / 가나안의 항변 • 80 / 선거철 • 81

팬텀싱어(트리오) • 82 / 운전하듯이 • 83 / 역지사지 • 84

시작처럼 • 85 / I CAN'T BREATHE • 86 / 상식적으로 • 87

장마 • 88 / 제발 더 나은 방법을 찾아봐 • 89 / 챌린지 • 91

초복(初伏) • 93 / 파란 피서 • 94 / 온천천 자전거 타기 • 95

늦은 여름날 오후 • 96 / 여운(餘韻) • 97 / 온천천 걷기 • 98

가을 주행 • 99 / 마이삭을 보내며 • 100 / 급이 다르다고 • 101

롤랑 가로스 2020 • 102 / 멍 Ⅰ • 103 / 공감 • 104 / 무섬외나무다리 • 105

노을 • 106 / 하소연 • 107 / 산수곡 달음산에서 • 109

네 생각과 달라서 • 110 / 달리기 • 111 / 싱어게인 • 112

염색하러 갔다가 • 113 / 응급실에서 • 114 / 이상동몽(異床同夢) • 115

조바심 • 116 / 춘추시대 • 117 / 핑계 • 118 / 혼자서 하는 대화 • 119

## 04. 지혜, 생각한 대로

본전 생각 • 122 / 자존감 • 123 / 우물에서 숭늉을 찾다 • 124

비 오는 날이면 커피가 생각났다 • 125 / 독립을 생각했다 • 126

중학생이 되다 • 127 / 믿는다는 것 • 128 / 말에도 귀가 있었으면 • 129

희망 • 130 / 괜찮아 • 131 / 무지 • 132 / 입장 차이 • 133 / 그 사람 • 134

생각 • 135 / 힘 • 136 / 반복 • 137 / 닫힘 버튼 • 138 / 대차대조표 • 139

남의 수고를 가지고 • 140 / 훈수 • 141 / 말한 대로 • 142

착각 Ⅰ • 143 / 착각 Ⅱ • 144 / 내로남불 Ⅱ • 145

가이사 외에는 왕이 없나이다 • 146 / 거리두기 • 147 / 경적소리 • 148

구멍 난 양말 • 149 / 등산 • 150 / 명왕성 • 151 / 바보의 셈 • 152

어른 왕자 • 153 / 청(聽) • 154 / 청개구리 • 155

홀로 남겨진다는 것은 • 156

## 05. 감사, 살아가는 이유

세모(歲暮)의 기도 • 158 / 봄 Ⅱ • 160 / 가노라면 • 161 / 손편지 • 162

부활의 아침에 • 163 / 위로가 필요해 • 164 / 선물 • 165 / 넋두리 • 166

하나쯤 • 167 / 설거지를 하며 • 168 / 문득 • 169 / 비를 맞으며 • 170

기도 Ⅰ • 171 / 기도 Ⅱ • 172 / 이름도 몰라서 미안입니다 • 173

피아노 3중주 • 174 / 아이엠입니다 • 175 / 하루 • 176

노랑 신호등 • 177 / 독립운동 • 178 / 많아서 슬픕니다 • 179

승화 • 180 / 유일한 청중 • 181 / 지구인 • 182

저녁이 되고 아침이 되니 • 183 / 회상 • 184 / 나의 기적 • 185

당신에게 • 186


에필로그 _187

01

**추억, 나를 만들고 채운**

그것은 마음 어느 곳에 숨었다가 예기치 않은 순간 불쑥 튀어나와 나의 오늘을 흔들어 놓을까요? 지난 시절 나를 만든, 그래서 오늘 나의 다른 이름이기도 한 추억들이 그 따스함으로, 진한 그리움으로 우리의 오늘을 위로합니다.

## 어버이날에

봄볕 좋은 계절에
사춘기 아들과 티격태격하며
사십 년 전 그 시간이 선하다.

계절 좋은 오월에
부모의 무게를 공감하며
돌아가신 부모님이 그립다.

봄비 멈춘 오후에
소소한 일상에 행복해하며
함께했던 가족들이 고맙다.

# 멍 II

밀린 방학 숙제처럼
마음만 초조하되
진척은 더디고

문득 깬 새벽잠은
생각날까 하는 기억에
한참을 멍하고

다음에 하자고
밀쳐두었던 그 일로
베개를 적시면

익숙한 당신 목소리가
등허리를 감싸서
선잠에 환했다.

# 수국

섭섭함이 가슴에 차올라서
헛기침에 뒷짐 지시고 팔자걸음으로
마실 나서던 아버지의 뒷모습 쫓아

여름 뙤약볕 가득한 그곳에서
무성한 이파리 사이 얇은 꽃대 하나에
색종이 접은 듯 수국 한 다발이

하굣길 반기시던 어머니 얼굴을 닮은
빗질 깔끔한 동네 어귀 둔덕에서
그때 처음 보았습니다.

멈추어 선 기억 너머에
미안하고 부끄러운 마음으로
아버지는 헛기침만 내뱉으셨고

화사하게 내민 연한 그 빛깔이
눈길 둘 곳 없었던 좁고 답답한 그곳을
윤슬처럼 눈이 부시도록 신선했던

수국 닮은 어머니 생각은
아파트 화단에 은보랏빛으로
올해에도 가득합니다.

## 새벽달

어슴푸레 출근하는 길
금정산 하늘보다 더 높이에
지난밤 뉴스에서 핑크 슈퍼문이라던
크고 동그란 달

뿌연 차창 너머 어느새
앞산 사이에 번지듯이 새어 나오는
하루 태양이 강하게 솟아오르면
조용히 떠나는 보름달

만나면 헤어짐이 있듯이
해 아래 영원한 것은 없는 것이라고
하루가 천년인 양 자기 생각만 고집하다가도
비워졌다 가득 채워진 달

매일처럼 시작하는 일상에
주관하는 낮과 밤에 하루를 맡기면서
감사로 나서는 출근길에
담고 싶은 새벽달

# 몽돌

애년, 지명의 시간
폭풍우 치는 숱한 고난에
찢기고 패여 나간 살덩이들

차올랐던 울분에도
참기 힘든 아픔의 순간에도
함께하는 친구가 있었기에

육지가 끝나고 바다가 시작되는
물 빠진 해안가 몽돌 예닐곱이
고향의 일곱 우정 같다.

## 잊힌 이름

계절은 시간을 한 발치 앞서고
햇볕은 무더운데 바람이 찬 유월의 첫 주말
코로나로 달라진 예식장 풍경을 보면서
잊고 지내온 십여 년의 간격에도
반갑게 두 손 잡아 인사했는데
잊힌 이름이 미안했다.
새로 가입한 첫 모임처럼
지난 세월과 흔적이 교차하는데
근황 앞서 더듬었던 추억이
기억나지 않는 이름처럼
헤어지는 아쉬움마저
잊히고 있었다.

## 젖은 하루

비가 오시려나
빨래 걷어야겠습니다.

젖은 빨래처럼
몸이 무거운 날에
늦잠을 잤습니다.

그 나이가 되어 보니
몸이 먼저 기억합니다.

무거운 땅에도
젖은 하루를 갑니다.

어머니 생각으로

## 집밥

양이 조금 많은 거라 생각했다.

질죽하니 진한 국물에
갖은 재료를 더해서
저녁 한 상으로 나온
칼국수 한 그릇

배가 너무 부른 거라 생각했다.

밤새도록 부대끼더니
일어났다가는 누워보다가
침대 대신 소파에서
설친 그날 밤

아무것이라도 잘 먹는다고 생각했다.

나이가 하나둘 먹어 가면서
소문난 맛집의 별미 한 끼보다도
하얀 쌀밥에 자반고등어를
기억하는 내 몸

어른들이 굳이 집밥만을 찾는지
이제야 조금 이해된다.

## 사람 냄새가 나서 웃습니다

부재중 표시를 보고
전화를 다시 해주셨는지
이러 저런 일상의 말들이 오가는 끝에
오늘 점심밥 하자는 말에

미안함이 스마트폰 너머 더듬기까지
배내골 텃밭을 묵히기가 뭐 해서
투병 중인 아내랑 나들이 겸해서
고추 심으러 간다며

서너 해 전에 회장과 총무로
말 많고 성가신 일에 호흡 맞추던 일들이
정년 앞둔 시골 학교 행정실장인 형님이 떠올라
다음에, 먼저 말하고는 에둘러서

박사 동생 잘난척하는 것이 부담도 될 건데
살아가는 것이 다 그런 것이라고
매번 앞서 끝내고 누런 이빨 드러내던 그 모습
정겨운 사람 냄새가 전해져서

태양이 가장 가까울 퇴임식 날에는
산바람 쉬어가는 배내골 같은 곳에서 그늘막 하나 치고
쌈 상추 한입에 풋고추 막장에 찍어
환하게 웃을 그 사람을 생각합니다.

## 얼굴 하나가

퇴근길에
서산 한 뼘 위에
진주홍의 장미 닮은
얼굴 하나가

부끄럼에
솜털 구름 속으로
연분홍의 새댁 닮은
얼굴 하나가

숱한 나날들
포근한 가슴속으로
진초록의 초원 닮은
얼굴 하나가

석양 길에
구봉산 기억 너머로
맑은 눈이 그리운
얼굴 하나가

## 귀로(歸路)

눈 오는 유후인 아침^^
경치는 넘 멋진데,
운전 걱정하시는 할머니,
마음 급해지는데~~

식사 후 마지막 온천욕
그리고, 집으로~~~
Go go~~~~

But

나그네 길에 폭설은
많은 경우의 수를 묵직이 덮더니
한 조각 한 조각 퍼즐을 맞추어 가듯
길을 나서게 한다

집으로 가는 일념은
빨간 신호등으로 가로막힌 하이웨이를 등지고
낯선 길 찾아 네비와 구글맵과 씨름하고
뜻 모를 글자들을 조합하며

유후인에서 이름마냥 생소한 작은 도시를 지나
빼어난 경치가 야속한 히타를 경유

후쿠오카까지 스노타이어도 스노체인도 없이
퇴근길처럼 집으로 가는 길은
그저 전설이 되어갔다.

## 숨비소리

울산 대왕암 공원
천년의 전설을 품고 있는 바위에
척후병처럼 파도는 전장의 소식을 전해주듯
풍성하게 반겨주는 나그네의 휴일

호오이~ 호오이~
나그네의 귓가를 간질이는 소리
눈부신 동해의 너른 바다 물결이 오선지가 되어
중저음으로 파고드는 찡한 가락

대왕암 바위 옆에는 연꽃처럼
출렁이는 바다에 몸 실은 여인 서넛
물질하는 해녀들의 자맥질은 쉼이 없고
아기 새 노래처럼 고운 휘파람 소리

멀리 물길을 헤집으며
숨이 턱까지 차오를 때면
붕어 입으로 한 모금 뱉는 탄식처럼
고단한 삶이 터지는 긴 숨소리

한없이 약하고 순정적이지만
억척으로 살아냈던 강인한 숨결처럼
동해를 가득 채우고 있는 어머니의 탄식 앞에
숙연하게 멈추는 나그네의 발길

## 그해 구월은

구월 마지막 날에
두텁게 쌓인 추억 속에
빛바랜 스냅 사진 한 장이
퍼즐 조각 기억처럼
가슴에 박혔다.

그해 구월은
하릴없이 비가 잦아서
잊고 지낸 봄 그리고 여름도
검푸른 가을에 머물러
떠나지를 못했다.

일 없이 바빠도
혼자 걸어가야 할 길 위에
남 탓처럼 삼천 명 코로나 이야기로
허전이 차오르는데도
태연한 척 걸었다.

쉬어가는 하루 해가
텅 빈 거실 소파에 기대서서
바보 같다고 잔소리했던 폰질로
구월 마지막 한 장을
보내지를 못했다.

## 가을 서정

창밖 가을볕이 고와 보여서
한걸음 문 앞에 내디디니
여민 옷깃 사이로 가을바람에
그리워지는 얼굴 하나가

비취색 가을 하늘이 맑아 보여서
두 손 머리로 누워보니
찡그린 얼굴 위로 가을 구름에
생각나는 그때 그 시간이

너른 가을 들녘이 꽉 차 보여서
가만히 얼굴을 내밀어 보니
메뚜기가 전해주는 가을 소식에
쌓여져가는 그리움들이

무심하게 지내왔던 그 순간들이
가을하는 가을이다.

## 가을 하늘

하늘이 내 마음을 아는 걸까
내가 하늘을 닮아가는 게지

삼십도 즈음 비스듬히 누워서
시퍼런 멍으로 아리던 그 하늘이

세상 다 안은 듯 오늘은
아리던 속까지 시원케 뚫어주니

하늘도 가을합니다.

# 형

한 예닐곱 많은
시골 큰형님 같아서

살아온 험한 세월에
그림자가 보이지 않아서

넉넉한 가슴만큼이나
위트 담긴 웃음이 해맑아서

충고 앞서 내민 밥 한 그릇이
옛 고향집 샘 깊은 우물 같아서

함지박으로 긷고 길어도
그치지 않을 것이라서

재어본 마음의 거리도
생각보다 가까웠다.

## 늦가을

옷깃 여미는 사이에
에메랄드 가득한 호수 위
솜털 사탕은 녹아 버리고

눈요기로 기웃거릴 새에
명산 계곡 곱게 물든 단풍 이야기는
아련한 고운 님이 그리워지고

겨울 채비 서두르는 때에
계절을 끄잡고 있는 게으름이
서산 해에 아쉬워한다.

# 가을비

가을비입니다.

우물처럼 얼굴 비추던 햇살이
고운 가을 하늘에

올해에는 멍든 아픔이 너무 시려서
맺힌 방울이 가을비 되었는지

텅 빈 내 마음으로는
손 한번 잡아주지 못해서

뒤적이던 그 일기장 속에
채우지 못한 미안함이

가슴에서 마음으로
젖고 있습니다.

## 정답은

과외 받던 그 애 또래의
식모살이하던 여자아이가
문득 생각이 납니다.

하루하루 견뎌내던 그 시절에는
보이지 않았던 그 아이에게
미안함이 더해집니다.

고향 떠나온 그곳에서
시기 질투 섞인 눈칫밥 고봉보다
부러움이 컸다는 것을

수능 앞두고 격상된 코로나에
걱정 더할 막내 여동생이 그 또래라
오늘 마음이 더합니다.

## 낙엽

고운 당신 손처럼
붉게 물든 단풍잎이

예쁜 당신 얼굴처럼
노랗게 칠한 은행잎이

높아진 가을 하늘 아래로
하나둘 흩날리는 오늘에야

굵어진 손가락 마디와
깊게 팬 주름이 아려서

무심했던 삼십 년 마음도
뚝뚝 떨어집니다.

## 어머니의 가을

새벽, 은빛 바다가
가을 하늘에 맞닿으면
묵었던 그리움을 뒤로
하루를 시작하셨지.

아침, 회색 안개가
가을 들판에 길을 내주면
이른 가을걷이로도
온종일 바쁘셨지.

한낮, 단풍 소식이
뒷동산까지 내려올 때면
양념 버무린 배추로
겨울을 준비하셨지.

저녁, 은회색 하늘이
온 동네를 감싸 내려오면
굴뚝 하얀 연기로
그리움을 지으셨지.

## 낙엽에도

길가에 놓인
나뭇잎 하나가
하도 예뻐서
허리를 굽힙니다.

손바닥에 두고
가만히 들춰서 보니
아팠던 흔적이
가슴에 박힙니다.

빛깔이 고와 이쁜 줄만 알았는데
자세히 보니 상처투성인지라

가을 타는 계절에
수줍은 낙엽 한 장에도
함께한 상처가 각인되어서
마음을 더합니다.

## 당신은 아시지요?

가을 단풍이 붉게 타는 이유를
당신은 모르실 겁니다.

가을에 낙엽이 떨어지는 까닭도
당신은 알지 못할 것입니다.

그러나, 가을비에 내 마음이 쓰린 것은
당신은 아시지요?

당신이 가버린 그날도
가을은 아팠습니다.

그리고 오늘,

바람 머물 곳 없는 가을 들녘에서
낙엽 한 장을 주웠습니다.

## 기억하기

갓 김장한 배추김치 길게 찢어서
모락모락 김 나는 수육을 싸니
그때도 이랬는가 싶다.

찬바람 쑹쑹 드나드는
정지 옆 좁은 빈터에
십구공탄 가득 부리고는

쌓였던 낙엽 쓸어내고
마당 작은 텃밭 모퉁이에
김장독 꽁꽁 묻어두시고는

넉넉하게 웃으시던 그 모습이
이제는 기억조차 가물가물해서
사무치게 미안했다.

## 겨울비

쓸쓸함에 불렀던 당신이
이렇게나 세차게
쏟아부을 줄은
정말 몰랐습니다.

답답함에 도와 달라고 했더니
온몸을 담그고도 남을
소낙비로 올 줄은
꿈에도 몰랐습니다.

그리움에 사무쳐서
하늘만 쳐다본 그 밤에
당신도 눈 맞추고 있을 줄이야
미처 몰랐습니다.

또 하나의 계절 앞둔 오늘
하늘과 땅도 만나고 싶어 하듯이
가슴 채우는 당신의 마음을
이제야 알아갑니다.

## 배추전

배추가 적다고
내내 걱정을 저미시더니

개중 실한 녀석 하나를
감춰 두신 것인지

김장독 묻던 볕 좋은 날에
노란 알몸으로 벗기어

무쇠솥뚜껑 뒤집어 놓으시고
돼지비계 한 번에 묽은 밀가루 둘러

뒤집기 두어 번에
싸리 채반 수북한 부침개가

지나가는 길손까지
막걸리 한 사발로 불러 세워서

동네잔치 같았던 그날 오후
웃음 넉넉했던 어머님은

당신은 배가 부르다고
길게 찢어 기름장 발라주신 것이

사십 년이 지난 어느 날쯤인데
사십여 년 만에 뵌 은사님 모습이

달짝지근한 그 맛이어라
겨울밤 내내 뒤척였습니다

# 겨울 준비 I

북풍 찬 장군 온다고
호언장담 서생 사위 말에도
유모차 앞세워 칼 잡은 장모님이

휑하니 머물 곳 없는 밭에도
꽉 찬 머리통 닮은 김장 배추들이
열병 앞둔 젊은 군인들처럼

어설픈 건 더한 것 같은데
잔소리 많아지는 아내도
힘들다고 노래하는 아들도

한나절 땀에 묵직한 어깨에도
차곡차곡 쌓인 통배추들이
상장 받아온 자식 같아서

고맙다고 수고했다고
깊게 팬 얼굴에 굽은 허리에도
환하게 웃으셔서 좋은데

김장 배추 가을이 가버린 자리에
버려진 겉이파리 묶어서
그리움만 절이고 있다.

## 겨울 준비 II

도시의 어설픈 주말에
더딘 도로는 시골 가는 차로
부산한 게으름을 매섭게 몰아세우고

칼집 내어 절인 배추를
가지런히 찬물에 씻어 두고
동네 어귀로 까치발 기다리시다가

다시 기승하는 코로나에
오는 것도 한숨 담은 부담이라며
숨길 수 없는 어리굴젓은 삐져나오는데

수북이 쌓인 절인 배추에 버무린 양념도
하루해가 짧을 것만 같았는데
무딘 손들도 제 몫을 하고

양념 듬뿍 바른 김장 배추 통째로 찢고
두툼한 돼지목살 한 점 얹어서
목젖 깊숙이 밀어 넣고는

중학생 둘과 선생인 사촌들 사이에 끼어
알 듯 모를 듯 오가는 이야기에
고단함도 잊고 있다.

## 눈 내리는 날에는

눈이 오면

아들 손잡고
눈사람을 만들래요.
비닐 포대 찾아
눈썰매를 탈래요.

눈 내리는 날이면

행여 미끄러질까
연탄재를 뿌려두시고
갈라진 손등에
호호 불어 약 발라 주시던

눈 내리면

털 많은 부츠 장화에
빨간 목도리 칭칭 두르고
희미해진 지난 추억 하나하나에
꾹꾹 발자국을 새겨 놓을래요.

눈 내리는 날에는

참향 나는 숯불 화롯가로
씨고구마 하나씩 구우면서
갈겨쓴 낙서장 한 장씩 들쳐가며
그날 이야기를 들을래요.

# 껄

우정이 추억이 될 때
추억은 가슴에 숨었고

사랑이 그리움이 될 때
그리움은 마음에 남겼다

가슴에 숨은 추억이
랜선으로 불현듯 밀려들고

마음에 남은 그리움이
진향으로 물밀듯 엄습하면

가슴과 마음에 아린 그 일들로
껄껄하고 있다.

## 낮달

잊지 않겠다고 했지요.
무에 그리 바쁘게도
한 해를 또 지나 보내도록

자주 찾겠다고 했지요.
마음 건너 서너 번조차도
핑계 달고 잠시 둘러보듯

기억하겠다고 했지요.
흐릿해가는 그 시간들의 추억도
한 땀씩 덧칠되어 가노라면

핏기 없는 부끄러움만
구름 한 점 없는 하늘 바다에
덩그러니 걸어 두었네요.

## 소년과 아들

중학교 입학식 삼일 전에야
엄마는 셋째 아들 기죽지 말라고
금단추 박힌 깜장 교복을 구해 오셨다.

초등학교 졸업 일주일 남겨둔 날에
배정받은 학교에서 알림 문자로
무상으로 교복을 나눠 준다고 했다.

엄마 몰래 입었다 벗기를 수차례에
허수아비 같았던 거울에 비친 모습에도
마냥 헤벌쭉했던 소년이었는데,

입학식 없이 중학생 된 지도 세 달
하복 매달아 둔 지 달포가 지나는 동안
외계인 같은 아들은 무덤덤했는데,

이태원 코로나로 재연기된 일주일을
환호인지 푸념하는 사춘기 아들에게서
까까머리 소년이 생각났다.

# 연(緣)

봄볕 바람이 좋아서
색 바랜 창호지로
가오리연 하나 만들어
문밖을 나선다.

건너 밭은 봄 고랑이 무너질까 봐
동구 밖에 친구들의 우정과
신작로 아이들의 꿈들이
마음을 놓아주지 않고

날씨 고운 봄볕에
속살 내보이던 가오리의 긴 꼬리만큼
미리 당겨 하는 걱정으로
빈 얼레만 돌리다가

헛기침에 봄바람만 탓하고
아무 일도 아닌 것처럼 돌아와
노트북을 연다.
아예 생각도 없듯이

## 02

### 응원, 그 너머의 행복을

상처와 고통이 있는 욕심이라는 것을 알지만 쉽게 포기할 수가 없어 고민합니다. 삶의 모퉁이마다 맞닥뜨리는 불가항력의 담벼락에서 어떻게 넘어왔는지 지금에서 돌아보아도 어김없이 채우고 있는 후회와 미련이지만 나의 행복을 응원합니다.

## 꽃샘

무슨 소리인지
어떻게 해야 하는 건지
용암처럼 굳어버린 그날

왜 나인가요
왜 너면 안 되냐
정답 없는 질문 앞에

막혀버린 말문도
내밀어 주던 그 손이
봄볕같이 언 가슴을 녹이고

생각도 못 한 동선 겹침에
무미건조한 그 말들은
시샘같이 고약했고

다시 굳어지는 그때는
콧물인지 눈물인지도
보는 것마저 외면당합니다.

## 믿음과 사랑

인간은
믿음의 존재가 아니라
사랑의 대상이라고 한다.

사랑해야 할 것을
믿음으로
믿어야 할 것을
사랑함으로

후회하고
자책한 날들이

소망 없는 믿음으로
희생 없는 사랑으로

욕심은 아니었는지

## 총량 불변의 법칙

여름날 태양 햇볕이 뜨거우면 뜨거울수록
그늘 아래에서는 더 시원하다는 것을

조개의 아픔이 크고 더할수록
영롱한 빛깔의 진주를 얻는다는 것을

태양 햇볕과 조개의 고통도
시간이 지나간 후에는

견딜 수 없을 만큼의 고난이 밀려올수록
남겨진 고통은 없어진다는 것을

하지만

하얗게 지워지는 그때에는
위로도 뭐도 아니었다.

## 보존의 법칙

밤이 새도록 뜬눈인 것은
지난밤 너무 오래도록
단잠을 잔 때문일 것입니다.

슬픈 영화를 보며 울지 않은 것은
지난 시간 너무나 많이
눈물을 흘린 때문입니다.

그러기에
선명한 울버린 자국처럼
죽일 듯 밀려오는 고통이지만

아픈 현실에서 당당할 수 있는 것은
지난 세월 겪고 또 겪었던
경험 때문이지요.

## 흰여울길에서

봉래산 기슭을 굽이쳐 내리는 물줄기가
흰 눈 내리듯 빠른 물살이라서
흰여울이 되었다는 것을

도개교 이전에는 목장이었던 절영도가
금정산 그림자 이름이라서
영도라고 했다는 것을

먼바다로 향하는 외항선 선장에게
쪽빛 바다가 들려주는 파도 소리처럼
비가 내리는 초여름 날에

고향 극장에 걸렸던 원색의 광고판같이
아기자기한 흰여울 골목길에는
아무 생각도 나지 않았다.

## 불가항력

삼십 년 전
면접을 앞두고도
그랬다.

다림질해둔 셔츠와 넥타이
제자리에 있는지를
자는 둥 마는 둥
닳은 책 표지만
휑한 얼굴로

어제 오후
보고를 앞두고
또 그랬다.

작성해둔 보고서
오자 한 자라도 찾을 듯
피곤은 밀려오는데
머리는 하얗게
초췌한 모습으로

사서 하는 헛걱정도
마음과 달리 매번
도지고 있다.

## 자랑짓과 칭찬질

피할 것은 피하고
알릴 것은 잘 알려야 한다고
자기 자랑의 시대라고 하지만
자랑짓은 어색하기만 하다.

칭찬은 고래도 춤추게 한다고
작은 것에도 리액션 해야 하는데
손해 볼 것 없는 장사지만
칭찬질은 머뭇거리게 된다.

일등만 기억되는 세상에
강해지려고 발버둥쳐 왔는데
약한 부분이 강한 그것이라며
높아지려면 섬기는 자가 되라고

낮은 자, 천국 소망으로
억지로라도 따라가는 그 길에
머리는 어느 정도 이해가 되는데
입과 귀는 아직도 그 짓이다.

## 그건 그냥 그런 거야

쌀밥에 콩 하나 없다고
생일날 빈 양초배기 들고
기다란 복도에 꿇어앉습니다.

시험에 하나 더 틀렸다고
허연 종아리 속살 드러내며
삐꺽대는 교탁 위에 엎드립니다.

축구에 점수 하나 뒤졌다고
걸을 힘도 없는 두 다리 끌고
화장실 뒤 공터에 집합 당합니다.

잔소리에 이제 그만두라고
반백 시간에 꼰대가 된 소년은
소매 끝으로 연신 닦고 있습니다.

짓눌린 세월의 무게 하나에도
지나쳐온 길에는 깊게 팬 구덩이들로
그냥 그런 것들이 생각이 났습니다.

# 미래

누군가에게
미래를 보여주면
그에게서
미래는 저어기 없는 것이 된다고

우리에게
없어지는 미래이지만
누구인가는
미래를 저토록 보고 싶어 한다고

그러기에
미래는 보이지 않고
누구에게나
미래가 저만치 떨어져 있는 거라고

# 욕심이야


산책길에 만난 토끼풀 밭에는
꽃시계 만들어 주던 그 소녀도
우연히 네잎클로버도

열다섯 중학생이 된 아들에게는
가슴에 안겨 종알대던 아이도
그림자처럼 나서던 것도

매일 출근하는 회사에는
첫 직장의 설렘도
크게 웃을 일도

함께할 수 있는 그곳에는
그냥 있는 것으로 행복인데도
만족할 수 있는데도

없는 것에 마음이 가는 것에는
행복 너머 행운을 원하고도
그건 욕심인 걸 알고도

## 괜히

괜히 했다는
후회가 밀려오고
정말 힘들다는 생각에도
다시 찾게 되는 헬스장이

괜히 먹었다는
콧등에 땀이 맺고
눈물이 나도록 매운데도
자꾸 손이 가는 매운맛이

괜히 나섰다는
마음만 힘이 들고
피는 물보다 진하다는데
진즉 좁혀지는 형제 사이가

괜히 했다지만
할 수밖에 없었고
아픔이 고통이 되는데도
후회보다 진한 추억되기에

## 안갯속으로

상반기 결산을 마친 수요일 아침에
그칠 줄 모르던 장마 폭우도
연극이 끝나고 내려오던
커튼처럼 진하게
운무가 되었나 봅니다.

가파르게 곤두박이치는 매출 곡선에
한 치 앞 가늠하기가 벅찬데도
커튼콜 기다리던 조연같이
일상 속으로 한 걸음
하루가 나서고 있네요.

통곡을 담았던 지하도에도
막혀버린 수출선에도
열연을 준비하는 무대처럼
안갯속으로 쉼 없이
걷고 또 걸어가고 있네요.

## 길에서


선택한다는 것은
후회를 기정사실로 한다.

양 갈래 길에서
몇 날을 서성이었던지

찰나의 순간에서
불쑥 터져 나온 말이던지

선택당한 후에는
내 것이 아닌 게 많았다.

## 이 비 그치면

장마라지만
비가 자주 내린다.
그것도 폭우를

비 그친 새벽이면
어김없이 논두렁으로 나가셨던
아버지 생각에

이 비 그치면
휴가 떠날 계획이
미안했다.

물난리에 망연자실하고
아픔으로 범벅된 화면에서
나 같은 사람에게
더 부끄러워

이 비 그치고 나서도
하늘만 쳐다볼 것 같다.

## 가을 길

가을이 갑니다
저만치 앞서갑니다
앞서가는 가을이 이쁩니다

마음이 갑니다
그렇게 가을에 갑니다
함께 가는 마음도 예쁩니다

태양 빛이 고와서
단풍에 비치는 가을이
앞서거니 뒤서거니 걸어갑니다

우리도 갑니다
주님의 은혜로 갑니다
오늘 걷는 가을이 한 아름입니다

## 단풍

찬바람이 목덜미를 적시는데
뒤 어깨 위 햇볕은 탄다.

늘어선 계절의 가지에서
불붙기 시작한 가을이

큰딸이 꽂아둔 바람개비는
가을바람인지 낙엽 때문인지
처연하게 돌아가고

억눌렸던 변덕의 마음에
들어주는 이 잃은 긴 독백도

추모공원까지 내려온 가을이
마구마구 태우고 있었다.

## 타산지석

이미 가진 내 것보다
가지지 못한 남의 것들로
눈길이 머무르고
세웠다가 허물었던 모래성처럼
이유 없는 숱한 밤을
아파하였던 것으로

필요하지 않은데도
남이 가진 것을 보고는
자리를 채우듯
버리지 못하는 잡동사니처럼
기억 없는 많은 것을
슬퍼하였던 것으로

반백을 지나가면서
걸어온 길에서 만난 갈림길에
멈춰 서서는
움켜쥐었다 폈다 하는 손바닥처럼
회한 섞인 많은 것을
고민하였던 것으로

## 그때도 지금도

후회만 남은 줄 알았는데
큰 추억이 되어
시간 가는 줄 모르고
이야기하고 있었네요.

그때는 왜 그리 아파했는지를
그 기억을 찾아
이유 거리도 되지 않아서
피식 웃고만 있었네요.

희미해진 흑백사진 속 얼굴처럼
진한 그리움으로
힘들었던 그 시절이
행복으로 그려지고 있네요.

코로나로 힘들어하는 지금도
또한 삶으로 남아서
그때에는 한 보따리 추억이 되어
그리운 전설로 이야기되겠지요.

## 귀로 하는 말

애년을 지나면서
막힌 담벼락이
자주 보이고

입으로 하는 말은
듣지 않는 것에
답답해합니다.

마음 담은 권면도
닫힌 문처럼
열리지 않고

반백을 넘기고 나니
귀로 하는 말이
가슴에 남아

막힌 담벼락 아래에서
비밀번호를 돌리듯
귀만 댑니다.

## 큰 산이라 알았는데

꽤 오랫동안 앞 동네 뒷산이
구름에 가려진 듯 보이던 그 산이
최고 큰 산인 줄 알았다.

가뭄에 논바닥이 깊게 갈라지고
동네 아재들의 가슴까지 찢어질 때면
마을은 횃불로 그 산을 오른다고 했다.

한 뼘 남짓한 그 산 정상은
부귀영화를 준다는 명당이라서
손 타서 깊은 가뭄이 든 거라고 했다.

삼사 년 주기로 가뭄이 있었고
그때마다 시신을 산 아래로 내팽개쳤다는
영웅담 같은 풍문을 듣곤 했었다.

약수터 있는 앞산보다 조금 높은 그 산에 올라
신통하게도 가뭄 그치고 비가 내렸다는 게
만홧가게 무협지 이야기 같았다.

어제까지 큰 사람이라 알았는데
못난 짓에 이 세상까지 버렸다고 하니
허망한 시간이 아까워서 웃었다.

## 기억의 심해

잘생기고
유식해 보인 그가
마음씨까지 비단결인 것 같아
닮고 싶어서

용기를 내어
가까이 다가갔다가
아전인수 하는 사람인 줄 알고는
화들짝 놀라서

이리저리
알아보고 들어도 보고
그래도 한참을 좋아했던 그이기에
수 밤을 머뭇거리다가

어렵게 자리 내어
내 마음을 말하는데
훈계조의 변명에 서운하다고 화내던
가슴 저민 기억이

오래전 일인데
더 또렷해지고 있다.

## 초겨울에서 늦가을까지

구름 한 점 없는 저 하늘에
마지막까지 매달아 둔
그 나뭇잎이
떨어져 저만치 갑니다.

영하의 날씨는 아직인데
옷깃을 더 움츠리는 것은
지나가는 가을을
보내지 못하기 때문입니다.

아무것도 없다던 내 마음에
마지막까지 붙잡고 있던
부질없는 것들이
가다가 돌아서게 합니다.

차가운 겨울이 아직인데
가슴이 더 시린 것은
포기한 자리를
내려놓지 못하기 때문입니다.

## 후회

목소리가 크지 않고
잘 쉬는 편이라서
굵고 크게 들리던 그 소리가
부러웠던 적이 있습니다.

사실과 다른데도
자기 입장만 포장하기에
소리 높여 반박했던 그 얼굴이
참담한 부끄러움으로 남습니다.

조근조근해도 좋을 것인데
화난 사람같이 목청만 키웠으니
사랑으로 다가가겠다던 그때는
아직도 한참인가 봅니다.

생사를 건 전투도 아닌데
질러 놓고 자책하는 밤이 깊어질 때면
천 냥 빚도 갚는다던 그 말들이
가슴을 조각내고 있습니다.

## 상흔

삶의 흔적을 지우려
지우개에 침을 묻혀가며
종이가 닳아서 구멍이 날 때까지
왜 그랬는지도 잊었지만

하얀 캔버스 위에
수채화 한 폭이 전부인 양
덧칠에 덧칠하는 유화는
고칠수록 좋아지는지도 모르고

흔적은 옅어져 사라지는데
구멍으로 파인 그날의 기억은
장면 장면이 상처가 되어
또렷하게 각인되고

시간은 묶음으로 잊히는데
기억은 장면으로 색을 덧칠하며
지워진 도화지 밑에서
피곤한 새벽을 깨우고 있었다.

## 가나안으로 가는 길

출애굽 백성들이
왜 그렇게 했을까요?

걱정이 감사가 되고
감사는 기대로 변하고

하늘이 지구 둘레를 돌듯
금방 될 것만 같았는데

시간은 묶인 채로
막아선 기다림에 지칠 때면

불평의 씨앗이
싹을 보듬고 있었습니다.

출애굽 백성들도
이런 마음이 아니었을까요?

## 다언(多言)

말을 아껴야지
눈물도 아껴야지

아내는 늘 그렇게
아끼고 아꼈나 봅니다.

혼자 속삭였던 말이
돌아서서 지웠던 눈물이

아내가 떠나간 자리에
지워지지 않는 흔적으로

아껴 두었던 말들이
후회로 남습니다.

03

**일상, 간격 맞추는 은빛 동그라미**

자전거는 멈출 때보다 달릴 때가 즐겁습니다. 아내와 두 딸, 그리고 아들이랑 함께 만들어 왔던 일상의 소중함을 느낍니다. 코로나! 지구별은 지금껏 경험하지 못했던 아픔으로 가득해서 "제발 더 나은 방법을 찾아봐" 소리치고 싶지만, 우리는 또 해내리라 믿습니다.

## 십자가 밑에라도

먼지잼으로 내린 봄비에
하얗게 꽃비가 날리는
금요일 오후

밀려드는 세차 걱정에
불현듯 생각나는 십자가

배신의 아픔일까
버림받은 슬픔일까
비아 크루시스(Via Crucis)

저마다 세상을 개혁하겠다고
한 표를 호소하는 선거철에

오직 십자가를 자랑하듯
떠나지 않았던 막달라 마리아처럼
너희보다 먼저 갈릴리로 가리라

십자가 밑에라도
가랑비 있는 성금요일 오후에

## 이 시간이 지난 후에

화려한 공연을 보고 난 후
가슴에 파고든 진한 감동으로
오랫동안 이야기하고 싶은데
회사원의 발걸음은
잠자리로 향한다.

찬란한 봄꽃이 지고 난 후
도로변 가로수들은 연초록으로
계절을 앞서 달려가고 싶은데
조경사의 손놀림은
지쳐가고 있었다.

암울한 코로나가 지나간 후
아무 일이 없었다는 듯이 일상으로
평범하게 살아가고 싶은데
사회적 거리두기는
오랫동안 하겠다.

## 기다림

기다림은 새 굴레처럼
익숙한 적이 없었다.

꽉 짜인 시간 틈새에도
아무런 문제가 없었는데

마지막 교정 끝내고
인쇄 일자까지 알고 있는데도

발표를 기다리는 지원자처럼
커져만 가는 조바심으로

삼십 년보다 남은 열흘이
안달해서 못 견딜 것 같다.

## 뜬눈으로

생각 없이 마신 커피 한 잔인 양
불금이라 늦은 드라마 보다가
눈은 감기는데 또렷해진 생각을
밤새 적고야 말았습니다.

경한 마음에 걱정이 병인 양
도둑맞은 단잠을 깨워서
진도가 나가지 않았던 두툼한 책을
밤새 읽고야 말았습니다.

뜬눈으로 새벽을 아침인 양
무거운 몸으로 시작한 주말인데
집 안 청소에 우인 결혼식으로
내내 혼쭐나고 있었습니다.

밀려드는 후회로 반성인 양
저녁 먹을 겨를도 잊어가면서
산책하자는 아내의 말도 못 들은 척
내내 졸고야 말았습니다.

## 가나안의 항변


당대의 의인이라고 칭찬하는데
포도주에 취해 추태 부리는
긴 수염의 나이 든 노인네

삼촌네 사촌들은 끔찍이 여기던데
나만 보면 괜히 역정만 내는
가깝지만 너무 먼 우리 할배

가나안의 아비라고 해서 좋아했는데
뜬금없는 할아버지의 저주는
거짓 같은 홍수 심판의 영웅들

형제의 종들의 종이 되기를 원한다는데
맏형 구스도 아니고 막내에게
잘못한 아빠도 당대 의인이라니

## 선거철

또,
선거철이네

새벽 출근길 교차로에
4년 전 판박이 그 모습 그대로

배달된 홍보물에는
아버지 손에 들렸던 하얀 고무신처럼
빼곡하게 찍힌 보도블록 파헤친 옛 사진으로

최선이 없으면 차선이라지만
지역의 일꾼을 뽑아야 하는데
아는 것이라고는 명함에 적힌 글자 수 정도로

일상을 바꾼 코로나19처럼
앞으로 4년의 변화를 믿고 맡길 수 있는 일꾼을
언젠가는, 기대하는 마음으로

그래도
투표는 해야 한다.
후회하게 되더라도

## 팬텀싱어(트리오)

갇힌 오월, 마지막 금요일 저녁
생각 없이 마주한 화면에서
거북등처럼 말라가던 코로나 걱정도
품속 아기처럼 평온하다.

알지도 못한 가락인데
절제된 고음에서 들리는 평안함이
간절함이 녹아있는 연주자들이
고향 집 소년의 행진곡 같다.

열정의 무대, 한 곡은 삼 분 남짓
숱한 밤 호흡 맞추었던 열창이
호수 위 우아한 백조의 발질처럼
도전자들의 뭉클한 이야기가

마음을 녹이고 가슴을 열어
마른 눈가에도 감동이 밀려 나오니
다시보기 리모컨으로
한밤을 새울 것 같다.

## 운전하듯이

산뜻하게 새 기분으로
안전벨트 하고 운전대를 잡고
좁은 길을 나섭니다.

막힌 골목길에서
주춤하는 차량을 앞지르려다
경적 세례를 받습니다.

언짢은 마음으로
내뱉은 불평에 핀잔이 덧입히면
분노의 질주가 될 것이지만

빨강 신호와 파랑 신호등이
맞춰진 간격에 왔다 갔다 하는 것이
안전을 담보하듯이

오늘 하루도
안전 운전하듯이 신호등 불빛 따라
가다가 섰다가를 할 것입니다.

## 역지사지

상처 입은 잎이
먼저 꽃을 피우는데

겨울잠에서 깨어난 꿀벌에게
꽃이 피지 않아 먹을 것이 없다면
굶주린 벌들은

의도적으로
뾰족한 입으로 구멍을 뚫고
가위 같은 턱으로 상처를 입힌다고

이른 봄 상처를 보듬으며
한 달이나 빨리 꽃잎을 만들어서
죽기 전에 해야 할 일인 양

꽃과 벌은 자연스럽게도
이어가고 있는데

올해 첫 분기 출산율이
영점 구 명이란다.

## 시작처럼 - 첫 시집을 발간하고

누가 시를 읽어요?

첫 시집 준비로 들떠 있는데
담벼락 너머의 찬물처럼
첫 반응하는 딸아이가

누가 시집을 사나요?

첫 시집 제목을 고민하는데
비탈진 언덕 까치밥처럼
첫 질문하는 아들 녀석도

시집에는 사람들이 보여요?

두 번째 시집을 기다리는
첫 독자가 되고
다음에는 자기 손으로
첫 후원하겠다고

# I CAN'T BREATHE

"숨을 쉴 수 없어요!"
무기력한 한마디 말에
길거리 시위는 투쟁이 되어
미국 땅이 싸움터로 변했다.

경찰에 목 졸려 살해된
흑인 남성이 남긴 마지막 언어들
조인 목을 놓아 달라고
살고 싶다고

작년 홍콩에서도
빵보다 자유를 갈망한 젊은 시위대가
끝나지 않을 것처럼 보이는 애절함으로 지쳐가고
팔십칠 년 유월이 오버랩된다.

최루 가스와 폭력에 맞서
울부짖고 토해 내는 그 젊은 날이
살려 달라는 애원의 외침이란 걸
아직도 모르는 것일까?

답답한 마음에
미어지도록 아팠던 그날의 흔적이
기억 영상으로 무한 반복되고 있는 가슴 가슴은
숨이 막혀 아파한다.

## 상식적으로 - 21대 국회 개원을 앞두고

코로나로
상식이 무너졌다.
재난 지원금도 받고
조국의 내일을 생각한다.

발등의 불보다
닥쳐올 한파가 더 클 것 같은데
정리되지 않은 겉멋만 든 목소리로
하루살이 싸움만 보인다.

가난한 미래가
현실로 맞닿을 때에
남겨진 고통과 더해질 희생이
눈덩이처럼 밀려들 것인데

코로나 이후를
겨울을 생각하는 개미들의 상식처럼
갈등과 분열을 넘어서는
국회를 소망한다.

## 장마

낮게 내려온 아침으로
늦은 출근길에

하필이면
고장 난 알람까지

꽉 막힌 도로에는
갈 길 바쁜 차량들이

노모처럼 시린 뼈마디에
쏟아붓는 물 폭탄에도

라디오 소리만 높일 뿐
줄지어 서 있었다.

## 제발 더 나은 방법을 찾아봐

2분 18초 분량의 영상이 울림이 되어 공감이 되었다.
흑인 대통령까지 나온 미국 땅에서 지속되고 있는 인종 차별은
절망을 넘어서고자 치열하게 논쟁하고 있었다.

영상 속의 45세 남성이
"우리 식으로 해야 돼!"
"지금은 다 같이 일어서야 한다고! 죽을 각오를 하고!"
군대가 동원되고 실탄을 퍼부을 모양인데도

31세 남성이 16세 조카에게 말한다.
"지금 이거? 10년 후에 똑같이 또 일어나."
"그때 너는 26살인데 10년 후에 너도 내 위치가 될 거라고."
"너희들이 지금 16살에 해야 할 일은 더 나은 길을 모색하는 것."이라고

왜냐하면 "지금 어른들이 하는 이 짓은 안 먹히거든.
45살 아저씨는 아직까지 분노하고 있고,
31살 먹은 나는 아직 분노 중이고,
16살 너도 분노하고 있어."

"너희들은 제발 더 나은 길을 찾아서 해."
"우리 윗세대는 못했으니까."

"하루 지나도 또 이 상태, 또 이 상태. 그런데 바뀌는 게 전혀 없어."
"더 나은 방법을 찾아봐. 그리고 네 몸부터 간수해."라고

삼십 년 전에 거의 같은 짓을 주야장천 했던 그 기억이
미국이 우리들의 외침을 들어줄 것이라고 기대했던 그날들이
기억 속에 갇혀 있던 내 무딘 가슴에도
끝나지 않을 것처럼 열린 상처로 남아있다.

## 챌린지

코로나19 극복을 위해
시편 140편을 필사하라고
그리고
141편을 필사할 세 사람을 지목하라고
내일 저녁까지

장마 폭우로 출근이 늦은 월요일 아침에
아내의 생뚱맞은 카톡을
따지듯
여덟 줄 달랑 쓰고는
스물네 줄이나 적어야 하는 것을

원고지 쓰는 것도 아닌데
두 장이나 파지 내고
서둘러
유명 인사 코스프레 하듯
숙제하는 마음으로

채팅방 하나씩 열었다 닫았다가를
필사하는 것보다 더 시간이 가고
맡기듯
좋은 경험한다고
지인이 필사한 142편까지

감사로 받으니
은혜가 넘쳐나는 것이
덕분에
얻기 위해 챌린지 했던 그 너머에
사랑으로 함께 극복될 수 있기를

## 초복(初伏)

개가 사람 옆에서
엎드려 복종하는 날에
관념처럼 보신탕이 생각나고

폭우 그친 아침부터
가을처럼 상큼한 시간이라
즐겨 먹던 삼계탕도 다음으로

거역하는 것은
점치는 것과 같고
완고한 것은 우상에게 절하는 것이라고

엎드릴 복(伏) 그리고
한참이나 절대자의 섭리까지
기억되는 내 감정의 낙차들이

올해 여름 내내
유난히 더울 것이라는
진정되지 않는 코로나 사태까지

## 파란 피서

바다를 좋아한 적이 있습니다.
끝없이 펼쳐진 수평선 너머로
답답했던 마음을 던지듯
파랗게 씻겨 주었지요.

도시를 좋아한 적이 있습니다.
탐방 길로 찾아간 그곳에서
재잘거리는 아들의 열정에
파랗게 질리고 있었지요.

계곡을 좋아한 적도 있습니다.
오싹한 냉기로 스멀거리는 계곡이
등짝에 흐르던 땀방울도
파랗게 떨게 하였지요.

우리 집이 좋다고 합니다.
에어컨 아래 폰 하는 아들과 달리
긴 장마와 코로나 탓인지
파랗게 멍들고 있습니다.

## 온천천 자전거 타기

강화된 사회적 거리두기 기간 중에
불볕더위 여름 지나가는 오후에
개학 걱정하는 아들이랑
온천천으로 향한다.

뜬금없는 소나기 한바탕 지나간 후에
물살 빨라진 하천변 젖은 걱정에
마스크 낀 뭇사람들도
온천천에는 뜸했다.

집 밖으로 나가길 꺼려 하게 된 때에
비대면 적응으로 부족한 운동에
자전거 굴리는 아들이
온천천에도 지쳤다.

코로나로 무너진 일상 가운데
함께하는 자전거 타기에
얼굴에 맺힌 땀방울이
온천천에서 웃었다.

## 늦은 여름날 오후

뜨거운 태양볕이 잦아들던
한여름을 달구었던 매미도
아쉬움을 이별 곡조에 담는데

낮은 풀밭을 마당 삼았던
두어 마리 고추잠자리도
창공을 무대 삼아 오르는데

두 주간 짧은 방학을 푸념하던
언택 환경에 최적화된 아들도
개학 앞서 공부방 배치를 바꾸는데

더운 여름 날씨만 탓하던
리모컨 들고 소파에 누운 나는
진종일 헛푸념만 쏟아내고 있다.

## 여운(餘韻)

지난밤

회식으로 늦은 딸아이가
새벽 출근이 걱정되는지
기다림에 인사치레인지

한 시간 알람을 앞당기고
서둘러 하루를 마무리했다.

새벽에

출근 준비 마친 딸아이가
개선장군이 출전하는지
미안함에 허세치레인지

해맑은 미소를 남기더니
여운이 아침을 한가득했다.

## 온천천 걷기

무심히 흘러가는 온천천도
쉴 사이 없는 파장으로
물결을 맞춰 내려가고

무심으로 걷고 있는 나도
밀려왔다 사라지는 마음으로
박자를 맞추며 나아가고

무심하게 목표했던 그곳도
저마다의 퍼즐 조각으로
구령에 맞추듯 다다르는데

늦은 주말 밤 온천천에는
문지방 턱을 넘어온 사람으로
멈추지 않는 걸음들이

무심 도인들 같다.

## 가을 주행

가을 햇살이 곱게 내리던
명절 지난 휴일 오후에
싫다고 버티던 아들을 꼬드겨서
가을 주행에 나선다.

온천천 자전거 도로를 따라
구서에서 온천장을 지나 동래까지
간격 맞춘 은빛 동그라미들이
가을 속으로 달린다.

개천을 건너듯 수영강변 지나며
투덜대던 아들의 넓은 등짝 뒤에서
흐뭇한 미소인지 이름 잊은 가을꽃인지
가을 향기에 취한다.

강바람이 빌딩 숲 사이로 불어오고
앞서거니 뒤서거니 주고 던지는 화두도
거친 숨소리에 묻혔어도
가을 멋에 빠져든다.

여름 지나고 난 해운대 해변까지
새로 출시된 아이스크림 한입 베어 물고
묘하게 내색하는 아들 얼굴처럼
가을 석양도 고왔다.

## 마이삭을 보내며

폭풍우 소리와 씨름하며
선잠 뒤척이는데
잠결에 받은 피해 소식에

아침이 밝아오기 전
짙은 어둠 속으로
너부러진 잔해들을 피해 가며

마이삭 머문 흔적을 지우며
연이어 찾아올 하이선 마중까지
오늘은 바쁠 것 같다.

남겨둔 바람만으로도
오싹해지는 심정인데
뼈대만 남은 공장 건물에는

밤새 마음 졸였던 휑한 얼굴이
삐걱거리는 벽체 사이로
잔해 정리로 바쁜데

아무 일 없었다는 듯이
가을 하늘이 드러낸 하얀 속살에
천연덕스러운 하루가 웃고 있다.

## 급이 다르다고

말리는 시누이가 더 밉다더니
입만 가지고도
남의 노력을 가로채고도
자기 수고인 양 떠벌리고
일견 맞는 것도 같아 보이는데
왠지 모를 의구심이 쌓이고
가짜인지 진짜인지를
코로나에 더한 홍수 재난에
태풍 바비 소식까지
늦은 휴가 마친 수요일 아침에
팔월 마지막 주를 시작하였는데도
하루는 보이지 않고
멈춘 지가 오래다.
역대급이라고

## 롤랑 가로스 2020

황금빛 에펠탑을 보여주는
코로나로 여름 지나 가을에야 열린
프랑스 오픈이라는 롤랑 가로스 대회에서
나달의 열세 번째 쉼 없는 거친 포효에도
폴란드 십 대 소녀의 격이 높은 흰색의 스매싱보다도
벽돌 가루 붉게 날리는 앙투카 코트에는

단풍빛처럼 땀방울이 곱게 스며든 그곳에서
하늘과 조국을 사랑했던 그 사람이
장미꽃만큼 나를 길들여 왔던
그 어린 왕자가 보였다.

# 멍 I

가을볕 단풍 고운 배내골 가는 길에
바비와 마이삭에 덧난 상처인 양
검푸른 멍으로 가슴이 아리고

가을 끝나고 찬바람 시작된 들판에서
아들과 서투른 농사꾼 흉내에
발등에 멍 하나 더하고

닳아버린 고관절에도 겨울 채비 걱정하는
팔순 너머 장모님의 웃픈 분주에
아내의 멍은 깊어가고

입동 지나고 늦가을 깊어진 밤에
뒤척이는 이유도 잊힌 양
나는 멍 때리고 있다.

## 공감

사십 년이 더 지난 그때에
새로 생긴 중앙로 양식집에서

처음 먹어 보는 돈가스를 마다하시고
집밥을 찾으시던 아버지가
삿갓 쓴 나라의 사람처럼
이해가 되지 않았다.

오십에 두 살을 더하는 생일날에
오랜만에 함께 모인 식탁에서

하얀 쌀밥에 고기반찬 마다하고
치킨을 주문하는 딸아이가
낯선 나라의 외계인처럼
이해가 되지 않았다.

## 무섬외나무다리

땅바닥에 그린 오징어에서는
흔들림 하나 없었던 발걸음이

두 뼘이나 되는 무섬외나무다리에서는
한 걸음에 서너 번씩 멈칫멈칫하는 것이

연습 때는 아무 일 없었는데
강단에 서면 다리 힘이 풀리는 것처럼

그때나 지금이나 여전하게도
시험지 앞에 앉은 수험생만 같은데

일상과 일탈이 모호한 그 시간에
저 다리는 평온하기만 하다.

# 노을

종일 사람에 부대끼다

재촉하던 퇴근길에

나보다 힘들었던 하루가

서산에 걸터앉아서

멍 자국을 보듬고

있나 보다.

# 하소연

노란 불에 왜 멈추나요
인생 첫 차였던 유로 엑센트를
반파시켜버린 트럭 운전자의
내 말문을 막은 하소연에

함정단속에 쓴웃음 삼키며
싼 거 하나 끊어 주세요
차량 뜸한 이면 도로 신호위반이
억울함이 배어 나왔던 하소연도

삼랑진역 건너 국밥집 앞
낯익은 차량에 박힌 청구서가
서너 주 전에 얻어먹은 늦은 점심값보다
토해 내고 싶을 하소연으로

분노시켰던 숱한 딱지가
하소연으로 반응했던 그 순간이
숨기고 싶은 부끄러움으로
하나둘 오버랩 되고

급성 심근경색 부고 톡을 받아 두고
스치듯 지나쳤던 많은 알림처럼
마지막 날을 경고하는

딱지라면, 하소연이라면

태풍 지나가는 새벽 다섯 시에
문득 잠에서 깨어
습관처럼 펜을 잡아
굵은 하소연을 듣고 있다.

## 산수곡 달음산에서

산과 물 그리고 계곡의 이름으로
봄볕 앞세워 달음산을 올라갑니다.

솔가리 수북한 오솔길에는
나이보다 많은 수다가 뒤따르고
깔딱 숨에 잦은 발길을 채인 너덜들은
게으른 겨울만 후회했지요.

거칠어진 날숨을 재촉하고
이마 방울땀이 굵게 떨어질 때
배낭에서 꺼낸 커피 한 잔으로
추억도 꺼내어 보았지요.

산봉우리와 이웃 마을을 발치에 두고
시작한 아침이 까맣게 내려다보이면
솔향기 가득할 오뉴월을 기약하며
길게 내려오는 산길이 예뻤지요.

날씨 좋은 산수곡 마을에서
봄빛 줄지어 달음산을 내려옵니다.

## 네 생각과 달라서

새벽어둠에는
보이지 않았는데
아침 햇살에
드러난 먼지가
한발 내딛는 것도
부담이다.

지방세 조사에
별반 걱정 않았는데
이런저런 요구에
추징을 당할까
응하면서도
불편하다.

그냥저냥
잘 지내 왔었는데
꿈에도 생각지 못한 일에
만나면 뭐라 하실지
마지막 그날도
고대한다.

## 달리기

단거리 달리기는 자신이 없지만
장거리 달리는 것은 될 듯해서
한눈팔지 않고 똑바로
앞만 보고 달려왔습니다.

더 빨리 달리고 싶은 마음이었지만
재능도 체력도 안 되어서
눈치 보지 않고 굳건히
내 길만 달리고자 했습니다.

너무 힘들어서 그만 멈추려 했지만
이것 외에 다른 길이 없어서
목만 축이고 하늘 보며
조금 천천히 달리기도 합니다.

끝까지 완주할 자신이 없었지만
반환점을 지나 뒤돌아보니
언덕 너머 골인 지점까지는
함께 박자 맞추며 달려가겠습니다.

## 싱어게인

시간이 떠나간 자리에
남겨진 그리움이
외로워질까 봐
쉴 사이 없이 떠들어 대지만

밤하늘의 별과 별 사이같이
그때와 지금의 시간이
멀어졌다 가까워졌다
밤새워 뒤척인 날에

다시 얻은 이름으로 노래하는
싱어게인의 마지막 같은 무대가
가시지 않은 동무가 되어
어느새 자리한다.

## 염색하러 갔다가

대머리라며 싫은 티 풍겼던
내 무릎을 베개 삼아 새치머리 뽑는 것을
그렇게나 좋아하시던 아버지가

입원을 앞두고 아무렇지 않다며
거울에 비친 빡빡머리에 겨우 눈을 떼고
밉상은 아니지, 라며 웃던 아내가

조금 더 젊어 보이려 염색하러 갔다가
닮아가는 대머리가 싫어서가 아니라
환한 아버지 웃음이 생각나서

조금은 살만해진 삼십 년 세월에
반들거리는 민머리가 이상해서가 아니라
고마운 아내 그 마음이 보여서

돌아가신 아버지 그 나이에도
할 수 있는 것이 하나 없는 나는
뒤돌아서 하늘만 쳐다보았습니다.

## 응급실에서

흔히 그랬던 것이라
대수롭잖게 여겼는데
중한 병이라네.

내 마음만 급한지
묶인 시간은 멈춘 것같이
기다림에 갇혀

이곳저곳 검색으로
이 생각 저 생각들이
미로에 빠진 듯

링거 꽂힌 푸른 팔뚝이
초점 없는 두 눈에 갇혀
눈물처럼 떨어지네.

## 이상동몽(異床同夢)

아내는 그랬다
간간이 코 고는 소리와
뒤척이는 몸짓에
단잠을 이루지 못하고

나도 그런 것 같다
아들의 부스럭거림과
몸부림치는 소리에
두어 번 깨고

낯선 병실에서
신음 소리와 걱정이 앞서서
방울방울 맺혔다 떨어지는 수액에
놓았다가 다잡은 마음을
쪽잠으로도
괜찮다고 했다

아내 없는 방에서
도와 달라고 울부짖는 기도에
정답 잃은 하루를 복기하며
잠들었다가 깨기를
토막잠에도
태연한 척했다.

# 조바심

깊은 바다 심연에 갇힌 채로
조인 목덜미를 감싸며
이리저리 끌려다니다가
잠에서 눈을 떴다.

우려가 사실이 되고
걱정이 현실로 다가오니
진달래 붉게 물든 봄날에도
겨울바람 탓만 하고

넓은 우주 허공에 떨어진 채
가쁜 맥박 소리에 놀라
여기저기 기웃거리다가
자리에서 일어난다.

경험이 교만이 되고
결과가 아집으로 다가서니
왕벚나무 굵게 떨어지는 봄날에도
겨울 외투를 걸치고 있다.

## 춘추시대

아들은 아버지 말을
잔소리로 밀쳐두고

아버지는 아들이
세상 물정 모른다며

사춘기 소년과 사추기 중년이
사사건건 부딪히는 것이

보는 사람만 졸이는
마주 향하는 기관차 같다.

## 핑계

나 잘 알잖아요
나 마음도 약하잖아요
원망도 잘하잖아요,

나 엄청 섬세하잖아요
나 사랑도 많잖아요
헤프잖아요.

그래서
당분간 거리두기 하려고요

_ 아내의 병상 메모에서

## 혼자서 하는 대화

어젯밤 예약해둔 밥솥이
"맛있는 백미가 완성되었습니다.
잘 저어 주시기 바랍니다."

한 팔쯤 건너 이십만 원 웃돈 먹은 냉장고가
"잘 알아듣지 못했습니다.
다시 말씀해 주세요." 하고,

아내의 빈자리에 아침을 챙기며
"오늘 날씨가 좋네.
밥 먹고 등산이나 갈까?"

새로 산 폰에 홀린 아이는
잘 알아듣지 못했는지

사십 년 전 사춘기 아들은
혼자 말도 아꼈다.

04

**지혜, 생각한 대로**

생각한 대로 말한 대로 그냥 하면 되지 않을까? 그저 덤인데 본전 생각과 원망으로 자학하고, 왼쪽과 오른쪽이 다르지 않은데 자기주장에 소리 높이고, 남이 베푸는 수고로 살아내고 있음에도 남 탓하느라 얼굴까지 붉혀가며 변명했던 나 자신이 부끄럽습니다.

## 본전 생각

원고를 보내고
교정과 교열을 끝내고
비스듬히 기댄 풍성한 마음으로
빠져든 봄볕의 낮잠

작가와의 만남과
조촐하지만 알찬 출판기념회와
사인 연습으로 대박을 꾸는데
내밀고 있는 고개 하나
유명 시인이라도 된 듯
본 전 생 각

처음 마음은 어디 가고
글 쓰는 것보다
잭의 콩나무처럼
커지는 잿밥 괴물

화들짝 놀라서 깼다
그저 덤인 것을

## 자존감

출판사에 원고를 보내고 나니
작가님, 정 작가님이라 부르는데
엄청 부담스럽기는 한데
그리 싫지는 않았다.

배드민턴 클럽 회장을 맡고 있을 때
회장님, 정 회장님이라 다가왔던
두어 살 나이 많았던 회원도
부담스럽지는 않았나 보다.

클럽 회장 임기를 마치고 나니
승준 씨, 정승준 씨라 불러대는데
피해서 다니고 싶을 만큼
그냥 좋지는 않았다.

어느 시인은 자기 이름을 부를 때면
다가가서 꽃이 되겠다고 했던데
제 이름 석 자보다 호칭에 연연하니
아직도 멀었나 보다.

## 우물에서 숭늉을 찾다


콩밭에서 두부 찾는다.
백일장에서 장원한 이력 하나만으로
신춘문예에 원고를 보내고는
거창한 시인이 된 줄로
생각했던 시절이 있었다.

돼지 꼬리 잡고 순대 달란다.
승진 사령장을 준 다음 날 아침에
사직한다며 찾아온 작업자의 내막을 들어보니
부서장이 승진 대상자라 했다고
미리 한 승진 턱이 부끄러워서란다.

연자매에 앉은 놈이 고추장 타령한다.
아들 녀석이 며칠을 졸라대기에
마지못해 사주기로 한 게임기를
배송 날짜가 이틀 남았는데도
한 시간이 멀다 하고 묻는다.

우물에 가서 숭늉 달란다.
구매 기업이 차일피일 시간 다 보낸 뒤
최소 개발 기간이 사십오 일 이상이라고 말했건만
계약서에 도장 찍고 돌아서자마자
제품 내놓으라 아우성이다.

# 비 오는 날이면 커피가 생각났다

비 오는 아침에는
라디오에서 흘러나오는 노래에
봄볕 산들바람처럼
향기가 있다.

비 내리는 오후에는
황사도 송홧가루 걱정도 없어
열어둔 사각 액자처럼
녹음이 있다.

비 적시는 날에는
추락하는 실적에 닫혀가는 마음도
발길 멈추는 노래처럼
여유가 있다.

비 오는 날이면
라디오 볼륨에 자연 손이 가고
진한 커피 한 잔을
알 것 같다.

## 독립을 생각했다

다 좋은데
한 가지
으음~

품속 아이는
겨우 알아들을 소리로
엄마의 뒷그림자에 묻혀
잔 소 리

다 괜찮은데
한 가지
크흥~~

날밤 새운 보고로
긴장마저 멈춘 하얀 사무실에서
사장의 묘한 표정에 얹혀
왜 이 제

## 중학생이 되다

입학식도 없이
하루 빠진 백일이 지나
중학생이 된 아들.

첫 등교일 전날
맞춰둔 알람도 울리기 전에
새벽같이 일어나 부산이다.

여드름 사춘기인 양
남의 자식처럼 살갑지 아니하더니만
오늘만은 미소 가득 머금는다.

미뤄진 지 다섯 번째인 오늘
설렘으로 기다린 아들을 따라
들뜬 내 마음이

사십 년 전 그때 생각인지
도망치듯 과한 몸짓에도 아랑곳하지 않고
아들 뒤만 따라가고 있다.

## 믿는다는 것

믿는다는 것은
잘 알기 때문이 아니라

그러함에도 불구하고
한없이 그를 원하고
바라는 소망이다.

내 것을 포기하고도
그것만으로 만족되는
한없는 사랑이고
응원이다.

믿는다는 것은
그냥 살아내는 것이다.

## 말에도 귀가 있었으면

말에도 귀가 있었으면
귀로 들리는 것보다
더 많은 것으로
상처받지 않고

귀로 들려준 말이라면
밑천 떨어진 자존감에
가슴 지지면서까지
아파하지 않고

귀가 없는 말은
들어주지 않는 소리들로
덧난 상처처럼
앵앵거리고

말에 귀가 있다면
목청 돋우는 소리들로
서로 베이는 오가는 말에도
평안할 것 같다.

## 희망

어제보다 나은 내일을 바라며
오늘을 살아갑니다.

죽을 것만 같은 힘든 시간도
추억으로 기억되고

아득해서 보이지 않는 길이지만
무거운 발을 딛고

조금 더 힘을 낼 수 있는
날이라서 좋습니다.

어제보다 좋은 내일을 꿈꾸며
오늘을 살아냅니다.

## 괜찮아

괜찮아
그건 그냥 좋아 보이는 것뿐이야

그냥 그렇게 보이는 것뿐이지
별것 아니야

너는 아니?

네게 있는 그것들이
더 좋다는 것을

좋아서 너무 갖고 싶은데
그냥 그건 참고 있다는 것을

내 것이 아니니까?
내가 아니니까?

괜찮아
내 것이 아니라서
그냥 좋아 보이는 거야.

## 무지

지난밤

눈 감은 채로
밤새도록
지새웠습니다.

커피 탓만 하면서

체질이 변했는데도
미련스럽게도

지금

생각 없는 손은
커피잔으로 향합니다.

## 입장 차이

이맘때면

가장인 나는
도지는 계절병에
알레르기 약 처방을 받고,

교사인 아내는
옷장에서 철 지난 외투를
꺼내어 손질을 맡기고,

내년
이맘때는
꽃구경이라도 가야겠다.

손잡고

# 그 사람

어떤 사람과 만나보면
과거 그 어떤 사람의 노래가
찌그러진 레코드판 바늘같이
쉴 사이 없이 소음이 되고

어떤 사람과 만나보면
현재 그 어떤 사람의 사진이
땀 범벅된 작업복 같은 데서
닳은 구두 뒤축에 남겨지고

어떤 사람과 만나보면
미래 그 어떤 사람의 그림이
깊게 덧칠된 캔버스 화폭에서
밑그림만 덩그러니 쌓이고

어떤 사람을 만나 이야기해 보면
그 어떤 사람들의 노래와 사진, 그림들이
과거 현재 미래 그 어디쯤에서
그 사람으로 만난 것만 같다

## 생각

생각하는 것처럼
된 적은 거의 없었지만

생각하지 않은 것과 같은
상황이 대부분이었지만

세월을 지나고 보니

생각한 대로
되어 있었습니다.

# 힘

지난밤
폭풍우 속에서도
꿋꿋하게 버틴 것은

덩치 큰 나무도
강철 가로등도
대리석 표지판도 아닌

금방이라도
쓰러질 것 같은
이름 모를 잡초들이네요.

# 반복

단잠을 깨워
스윙 연습을 했다.

삶은 반복이라고
학교 다닐 때도
군 생활에도
직장에서도

실습생 둘째가
반복되는 일상이 힘이 드는지
기적이라고
어떻게 같은 일을
몇십 년 동안 할 수 있었냐며

떠오르는 한 마디
해 아래 새것이 없나니

하지만
똑같은 적은 없었다는 것이
반백 지내오면서
비슷해도 매번 달랐음을

오늘 새벽에
스윙 연습을 한다.

## 닫힘 버튼

우리 집 엘리베이터
닫힘 버튼은
나처럼 성질 급한 지문으로
가득했다.

우리 집 현관문
열림 버튼은
네 개의 숫자 뒤에
잠시 기다림인데

우리 집 아이들처럼
조금 늦을 수 있는 걸음을
성급한 버튼질에
막아선 것은 아닌지

우리 집 엘리베이터
닫힘 버튼 지문도
알았으면
했다.

# 대차대조표

오른쪽과 왼쪽에
더하기와 빼기만을

차변을 조금 넓히고자 했는데
비용 항목만 늘어나고
내 것 같은데 빚만 쌓여가듯
오른편 숫자들로 또렷하고

결산 날 앞두고
마음 먼저 심란하기를 여러 해
행복을 달라고 하니
감사를 가르치듯

숱한 밤 지새웠던 그날들이
잉여금으로 쌓여온 것 같은데
지나온 반백의 시간처럼
머리숱은 익어가고 있었다.

왼쪽과 오른쪽이
매양 같은 이름이었음을

## 남의 수고를 가지고

아이가 백 점을 받아오면
나 닮아서 잘하는 것으로

어릴 적 반장질 한 것도
내가 잘나서 그런 것으로

내가 잘하는 줄 알았고
내가 잘나서 그런 줄 알았는데

일상이 무너져 내린 지
두 달을 지내면서

남의 수고 덕분인 것을
그 어디에도 나는 보이지 않았다

# 훈수

옆에 서면 훤히 보이는데
돌을 들면 막막해지고

남의 말 하기는 좋아하면서
막상 그 말 듣기는 싫어하므로

잘하는 남 탓으로
서투른 내 탓에
홍조가 된다.

## 말한 대로

내게 들린 대로
축복하는 말은
마음을 가볍게 한다.

네게 말한 대로
원망의 말은
마음을 무겁게 한다.

부모는 제사장이라는데
제사장은 축복하는 사람인데
소싯적에 내가 들은 것보다 더
원망과 저주를 말하고 있다.

코로나도 잠잠해져 가는
오월 첫 주일 아침에
원망의 자리로 향하고 있는
내 모습에 놀라고 있다.

말한 대로 이루어지고
들린 대로 되어 가는데

## 착각 I

지천으로 피어 있는 들꽃은
별다른 가꿈이 없어도
이쁘기만 한데,

베란다 화분에 심긴 화초는
잠시 가꿈을 잊으면
시들기만 한다.

값으로 매길 수 없는 것들에게
지대로 항상 있는 것이라고
주인 없는 흔한 것이라고,

몇 푼 가격으로 산 것들에게
값어치보다도 더 귀중하고
영원할 것이라 행동했다.

## 착각 II

아닐 것이라고
내게 일어나는 일은
절대로 그럴 수는 없다고

뉴스와 화면으로
매일 보고 들어왔던 일이
내게도 일어나고 보니

그 사람들이 들리고
그 환경들을 보고
그 마음들에 잡혀

딴 나라 이야기로
상관없는 일이라고
외면했던 그 일들이

내 몫이 되니
매일의 일상이 되어
더 사랑하며 살겠습니다.

## 내로남불 II

단지 다른데도
틀렸다며
손가락질로
추궁했고

분명 틀린 것인데
다를 뿐이라고
얼굴 붉히며
변명했다.

## 가이사 외에는 왕이 없나이다

고참 욕하면서도
닮아간다더니

침을 튀기면서 욕했던
그 회사의 제품을 즐겨 하고
손가락질하던 그곳에
몇 푼 돈에 생각 없는 줄을 서고

경쟁하고 싸워야 할 대상도
섬기고 사랑해야 할 상대도
매번 헷갈린다 하고

합리적이라 믿었는데
합리화만 고집하고 있는 것이

아직 갈 길은 멀어 보이는지
새벽은 더 어두워지고
남 탓만 늘어나는데

가슴 찌르는 한 말씀이
다시 일어나서 걷게 한다.
내가 반드시 너와 함께 하리라

## 거리두기

선명한 줄무늬가
꼿꼿이 세운 허리춤에
두 손을 가지런히 모은 채로
오랫동안 나를 쳐다본 듯했습니다.

나무 그림자가
서너 발 치 떨어져서
세모 입이 오물거리며
한동안 나를 불렀나 봅니다.

반가운 마음이
한달음 다가갔더니
이내 열 걸음은 물러나서
화난 눈에 나를 나무라는 듯했습니다.

중간시험 앞두고
데면데면하는 것이
앞산에서 만난 그 녀석처럼
온종일 나와 거리두기를 하나 봅니다.

## 경적소리

오늘 새벽에 기도하러 갔다가
나오는 길에 경적소리는
음! 은혜네

어제 낮에 업무 보러 나갔다가
추돌할 뻔한 경적소리는
휴! 다행이다

어제저녁에 서둘러 퇴근하다가
끼어들 때 경적소리는
뭐! 저런 것이

도로에서 만나는 경적소리가
시시때때로 돌변하는
아! 내 마음

## 구멍 난 양말

다 내려놓은 것 같은데
막상 닥친 그 일 앞에
마음이 먼저
급하게 문을 열고

그 정도면 괜찮을 성싶은데
담당자의 허접한 변명에
소리가 높아져
지난 옛일까지도

구멍 난 양말을 벗으며
부부 싸움 되었던 그날같이

그리 중요했던 것도 아닌데
부싯돌 같은 모난 열정이
괜한 성질머리는 밤새
미련과 씨름한다.

# 등산

오르막이 길고 높을수록
허리가 숙여지며
말은 없었고

정상에 가까이 다가갈수록
고개는 치켜들고서
말이 많았다

## 명왕성

팔자걸음으로 천천히 걷는데도
스치듯이 지나온 사람이 있고
잰걸음으로 달리듯 지나쳤지만
무비 같은 추억이 되기도 했다.

너무 멀리 있는 일일 거라
무심으로 걷던 그 골목에
꽃잎 하나가 눈에 들던 날도
하얀 선잠으로 뒤척이는데,

새끼손가락 같은 연한 속살이
작고 한둘쯤 더 진하다고 해서
태양 그 너머로 버려진대서야
잊힐 그 이름일까 보다.

## 바보의 셈

앞으로 남고 뒤로 밑지는 일이라 했다
그런데 왜 하냐고 물었다
"다음에"라고 한다.

이번 건은 크게 손해 봤다고 했다
그러면 어떻게 되냐고 물었다
"다음에" 또 하자고 한다.

이익은 가는 거고 손해는 오는 거라 했다
무슨 말인지 이해가 안 된다고 물었다
"다음에"는 알 거라고 한다.

살아가는 것이 남는 거라고 했다
맞장구치고 싶은 말이라고
"다음에"라고 답했다.

이제야 조금씩 알아가고 있는 것 같은데
버릇이 된 건지 매양 하늘만 보고
"다음에"라고 하고 있다.

## 어른 왕자

우리는 저마다
왕자로 살아갑니다

갓 울음을 시작할 때부터
걸음마에 젖을 떼고
세상을 알아가면 갈수록
최고인 양 살아갑니다

나이에 머리숱이 엷어지고
목소리는 두세 음 높아지고
해 놓은 것이 하나씩 더해질수록
자기 힘으로 살아갑니다

잘한 것은 내 덕이고
잘못된 것은 네 탓으로
모든 것이 나를 위해 있는 것으로
왕으로 살아갑니다

그때까지는
그렇게 살았습니다.

# 청(聽)

그날은

병문안으로 찾아와서
자기 말만 계속했던 그날

조언을 듣고자 찾아가서는
내 이야기만 늘어놓았던 그날

혼자 떠난 여행지의 하루가
고향 찾은 듯 말이 많았던 그날

그날들로 분주했던 그때에는
빈 가슴을 부여잡고서라도

밤새워 듣겠습니다.

## 청개구리

꼰대의 넋두리 같은 말인데
아버지 연배 그분의
그냥 해준 한 마디는
마음에 와닿고

매일 들렸던 잔소리 같은데
어머니 또래의 그분이
들려준 경험담은
가슴을 아리고

라떼 아버지와
잔소리꾼을 닮아
아무도 없는 오늘에야
울음을 더합니다.

## 홀로 남겨진다는 것은

첫 시화전을 끝내고
밀려들던 공허한 기억이
성공적으로 마친 프로젝트 뒤에
홀로 남겨진 그때

아버지의 부재로
세상과 맞서 홀로 견뎌왔던 시간이
앞만 보고 쉼 없이 달려온 길에
아내가 떠난 그날

홀로 남은 얍복강가에서
밤을 새워 전심으로 씨름했을 야곱이
고통이 엄습하는 새벽에
다짐했을 그 마음이

홀로 남겨진다는 것은
달려가던 길을 우선 멈추고
만나야 한다는 것을
다시 시작하면서

그 밤이 지나 새벽이 되어
조금은 알 것 같습니다.

## 감사, 살아가는 이유

하루가 지나면 연속극처럼 다음 편, 내일이 기다려지지 않나요? 사랑하는 너의 길 앞에서 언제나 깜빡이고 싶어서, 진실된 시간을 노래한 사람으로, 다시 만날 그날을 위해, 오래오래 기억되는 이름으로, 남겨진 한 사람으로 다시 시작해 봅니다.

## 세모(歲暮)의 기도

계획한 대로
이루어진 것도
한 발도 내딛지 못한 것도

어떠했든지
한해 마지막에는
감사하게 하소서

이별의 아픔도
웃음 주었던 기쁨도
스쳐 가는 기억이라는 것을

언제 끝날지도
어디쯤 왔는지 몰라도
자족하게 하소서

미련의 아쉬움도
잡지 못한 시간도
충분했다고 하소서

그리고
마지막 날까지
더 즐겁게 좀 더 당당하게

새해에도
두루 살피며 살아가게
새 힘을 주소서

# 봄 II

봅니다.
창문 아래 작은 공원에
홀로 버틴 겨울살 두텁던 가지 위
햇살에 실눈으로 망울진 하얀 꽃들을 봅니다.

보입니다.
아들과 올랐던 그 산에
말라버린 실개천 계곡 물길에
윤슬같이 반짝이는 아지랑이가 보입니다.

보려 합니다.
반백이 지나간 그 추억에
양지바른 담벼락 넓은 공터에서는
가는 시간도 잊었던 그 소년들을 보려 합니다.

봄입니다.
무채색으로 갇힌 병실 너머
겨울이 녹은 자리에 움튼 생명력으로
양지꽃 노란 꽃말 같은 당신의 봄입니다.

## 가노라면

산불 통제 기간으로
늦어진 석 달 동안

영남알프스 막내인 문복산을
너무 얕잡아 본 것인가

불평 없었던 아들은
오르는 내내 투덜거리고

행여 다칠까 봐 걱정되어
마음은 더 가파르고

한 시간 긴 줄 끝에
인증 사진 하나 건지고는

서두르는 하산 길에서
마음 먼저 가노라면

눈치 앞선 마음으로
미끄러지고 넘어지기를

재잘거리는 계곡물 소리에
가쁜 호흡이 제자리를 찾아오고

감사로 받고 보니
버릴 것이 하나 없네.

## 손편지

외국에서 보낸 엽서 한 장이
딸아이 귀국한 지도 한참이나 지나서
여행 잘하고 있다는 손글씨 몇 자

서류를 찾다가 만난 추억 상자에는
색 바랜 봉투로 만난 내 이름 세 글자
한 글자 한 글자 또박또박
그리듯 써 내려간 그 마음이

보내고 싶은 마음 담아
단정한 자세로 숙제하듯이
몇 번이고 고쳐 쓴다고 버린 파지가
스물일곱 해 그날 그 밤에

두 줄 쭈욱 지워 버리고 덧쓰면 될 것인데
처음부터 다시 썼던 그때 그 글자는
이십칠 년이 지난 오늘 밤에도

손으로 쓴 연애편지 한 통이
세상을 다 가진 듯 살아가는 이유가
충분하고도 남습니다.

## 부활의 아침에

그날 새벽
어둠은 진하고도
음침하였을 것 같다.

일곱 귀신에게서
십자가 밑에서 바라보았던
삼 일이 지나도록 멈추지 않는 눈물에

빈 무덤
베드로와 요한도 체념한 듯
자기네들의 집으로 뒤돌아서 가고

시신이라도 찾고 싶어
지켜주지 못하였던 죄스런 마음은
무덤 밖에서 두 발만 동동 구르는데

'어찌하여 울며 누구를 찾느냐, 마리아야'
닦아 주시던 주님의 음성이
부활의 아침에

## 위로가 필요해

모르고 있었는데
정말 알지도 못했습니다
그렇게도, 이만큼, 병이 되도록
아프고 힘든 것이

알았어야 했었는데
정작 모르고 있었습니다
그러려니, 잘 참고, 견뎌내도록
쓰리고 아린 것을

힘들었겠는데
옳고 그름이 아니었습니다
그 자리에, 그대로, 살아내도록
손잡고 기도할 뿐

# 선물

어제 하루의 마침은
내일 하루 사랑하며 걸어갈
약속 있는 선물이다

오늘 하루의 시작은
어제 하루 자랑하며 걸었던
의미 있는 선물이다

내일 하루의 계획은
오늘 하루 추억하며 달리는
희망 있는 선물이다

매일 생겨나는 하루는
깨어지고 난 후에야 알게 되는
일상이라는 선물이다

## 넋두리

삼 남매 맏이에게 시집온 지 삼십 년 동안
남부럽지 않게 살아왔다고 자부해 왔는데
외아들 혼사 때에 섭섭하게 하신 시부모님에게
파업 선언했다는 갑장 친구의 넋두리

고등학교 졸업하고 경찰이 된 지 삼십 년 동안
부모 도움 없이도 일가 이루며 살아왔는데
얼마 남은 유산마저 독차지한 형님 부부에게
절연한 지 여러 해라는 친구의 하소연

배드민턴 갑장 모임으로 만난 지 십여 년 동안
함께 땀 흘리고 맛난 것 나누며 지내 왔는데
화석처럼 단단해진 상처가 있는 줄 몰랐던 친구에게
꾸어다 놓은 보릿자루가 되어버린 어젯밤

아버지 없이 고향 떠나 이곳에서 삼십 년 동안
어머니 떠나보내고도 십여 년이 지나갔는데
넋두리 삼아 늘어놓는 하소연이 잘난 자랑질이라고
잘 살아왔다는 방증이라니 위로가 되었다.

## 하나쯤

저마다 가진 상처 하나쯤
누군가는 변명으로
발길에 덫 되어 자빠지고
누군가는 계기로
발길에 힘 보태 달려가고

가슴속 품어왔던 소원 하나쯤
누구는 굴레로 남아
과거 속으로 추억만 하고
누구는 코뚜레가 되어
내일 할 일로 준비하고

시작은 얼추 같았던 하나쯤이
누구에게는 변명이 되어
아픔 너머 상처로 남고
누구에게는 응원이 되어
오늘 너머 새날로 맞고

## 설거지를 하며

휴일 아침
설거지를 합니다.

생수 한 컵 마시러 왔다가
수북이 쌓인 싱크대를
두어 번 지나쳤다가는

비누질을 하고
헹굼을 하면서도
쉴 사이 없이 찾았다가는
지워내는 생각의 찌꺼기들

선반에 가지런히
그릇들이 하나둘 늘어나면
상념도 아내의 미소처럼
제자리로 향하고

행복 한 조각을
맞춘 아침이 됩니다.

## 문득

생각한 것처럼
되지 않아 울었던
숱한 그날들보다

말한 대로
되지 않아서
감사하고픈 이날은

결말을 모르는 연속극처럼
다음 편이 기다려지는
오늘입니다.

## 비를 맞으며

호우경보라고
주의하라는 알림 문자에도
거추장스러운 우산을 두고 갈까 말까

젖지 않으려고
징검다리 건너듯이
기다릴까 말까 고민 앞서서

바쁜 총총걸음에
발목까지 빠지고 나면
젖은 내 마음이 먼저 앞장서고

젖지 않으려는 안간힘에
내 젖은 것만 급급했는데
젖은 마음이 내민 손을 보고도

폭우 속을 걸으며
내 이제 흩어지는 방울처럼
그저 흘려보내지는 않으리라

# 기도 Ⅰ

할 수 없어서 꿇었는데
고맙다며
새 힘을 주시니
도전할 마음에 용기를 얻습니다.

걱정으로 엎드렸는데
염려 말라며
위로를 주시니
살아가는 길에 은혜가 더합니다.

새벽을 깨워 기도하는데
귀하다며
다 맡기라 하시니
약속의 말씀에 순종을 배웁니다.

## 기도 II

아이들은 묻지를 않는다
겨우 필요만 말할 뿐

새벽 예배당을 찾아서
눈물 콧물 훔치며

장독대 정화수에
빌고 빌던 할머니처럼

무조건 잘 되기를
내 문제가 해결되기만

아이는 물어보지 않았다
매번 도와 달라면서

## 이름도 몰라서 미안입니다

철책에 나서는 초병처럼
오늘 아침 빗자루 하나 들고
비질을 합니다.

차 한 대 댈 공간도 안 된다고
투덜거렸던 마당인데
땀방울이 맺힙니다.

포장된 아스콘 사이에 이름 모르는
그래서 더 미안이면서도
잡초가 뽑혔습니다.

빈 마음이 들킬까 봐
서둘러 비질을 끝내고

미안으로 검색해 본 '개망초'에게서
오래도록 잊히지 않고 기억되는
'나'가 되고 싶습니다.

## 피아노 3중주

코로나19 두 달 만에
열린 교회 공예배가
해외여행하는 것같이
어설프기 그지없는데

예배 시간에 드려지는
피아노 트리오가
빈자리 많은 예배당 큰 홀을
가득 채우고 있다.

귀에 익숙한 곡조와 가사의
젊은 연주자가
사모하며 준비한 하모니 선율에
반하여 가고 있는데

피아노 건반과 잘 들어맞은
트리오의 두 현악기가
상심 많았던 예배자에게
하늘의 선물 같았다.

## 아이엠입니다

제 이름은 정승준입니다.
제 고향은 경상북도 의성이고요.

어느 시인은 자기의 이름을 불러준다면
그의 꽃이 되고 싶다고 노래했는데

역설적이지만 이름을 말하는 것이
터부시되기도 했었죠. 그래서
발음하기 어렵고 난해한 한자로
자 그리고 호로, 누구의 엄마 아빠로
아명이나 지명까지

모든 이름에는 레종 데트르가 담겨 있습니다.
잊지 않고 기억되는 그 이름에는
맞닿은 부대낌으로 녹아있지요.
싫든 좋든 그 사람과의

언제 어디서나 쉽게 불리는
시간을 노래하는 진실된 사람으로
단 한 사람에게라도
기억되는

저는 정승준입니다.

## 하루

아침에 생각한 대로
만족했던 날은 한 번도
없었습니다.

숱한 저녁에
후회를 달고 산 날들로
기억이 되었습니다.

그렇게
그런 시간이
지난 것 같았는데

생각했던 아침 너머
후회한 저녁 그 하루들이
감사로 쌓여 왔습니다.

# 노랑 신호등

차 조심하고
때 거르지 말라
귓등으로만 들렸던
그 소리

빨강 파랑 사이에서
존재감 하나 없던 그 윙크가
나를 향한 사랑인데도
외면하기 일쑤였고

따시게 입고
골고루 먹어야 한다고
잡음 많았던 지붕 위 녹슨 스피커처럼
들어 줄 이 하나 없지만

굳은살 흉터만 가득할 텐데
밤낮 마다 않고 내게로 달려왔듯이
사랑하는 너의 길 앞에서
언제나 깜빡이고 싶다.

## 독립운동

반갑지 않은 손님이
점령군으로 쳐들어와서는
안방을 차지했습니다.

미인 아내를
볼모로 붙잡고서는
주인 위세를 부립니다.

갑자기 닥친 일이라
정신을 차릴 틈도 없이
모든 것을 빼앗겼습니다.

주저앉을 수 없는 것이
아내와 아이들과 힘을 합쳐
독립운동을 시작합니다.

우방국에 구원을 요청하고
전선을 정비하고 적진을 살펴서
적군을 몰아낼 것입니다.

광복의 그날까지
쉬지 않고 힘을 길러서
아내를 구하겠습니다.

## 많아서 슬픕니다

앞이 보이지 않던 그때는
뭐 하나 가진 것이 없어서
박힌 못처럼 아파했는데

이제 먹고 살 만해지니
없어서 아픈 것이 아니라
너무 많이 보여서 슬픕니다.

지나온 반백의 시간 내내
신병 훈련소의 야간 행군처럼
앞사람만 쫓아왔는데

시간이 멈춘 병원에서
잘 먹고 밤잠 푹 자는 아내가
고마워서 웃고 웃습니다.

## 승화

중한 병 얻고서
많은 이들이 글과 말로
더 많은 이들은 행동으로
위로와 격려가 넘칩니다.
그리고
욥이 생각나고
출애굽이 기억나고
백혈병 소녀 니키 이야기도
그럼에도
삼백육십다섯 번이나
두려워 말라고
강하고 담대하라고
가보지 않았던 이 길에
힘을 내어 봅니다.

## 유일한 청중

세겜에서 다 묻어 버리고
벧엘 언덕을 올라가는
야곱네 식구처럼

묵은 마음을 내려놓고
다시 시작하는
나에게

아무도 없는 텅 빈 무대에
끝까지 박수하시는
유일한 청중

그분이 그리스도이시면
충분하다던 고백이
아멘입니다.

## 지구인

불쑥 찾아와
자기 것인 마냥

왜 그러는지
불쾌하고 분했지만

다른 묘안이 없어
그냥 지나온 것인데

한참을 돌아보니
감사입니다.

## 저녁이 되고 아침이 되니

문득 떠오르는 생각 하나에
스치듯 지나가는 풍경 한 점과
빛바랜 사진 한 장에도

저녁이 되고 아침이 되도록
숱한 밤을 지새우며
날실과 씨실을 엮듯

썼다가 지웠다가
적었다가 찢어버린 시어들을
손잡아 주셨던 그때 그 마음으로

좋아하기에
죽을 만큼 사랑하기에
연애편지를 적어가듯이

주소처럼 제목을 달고
산고의 지난한 아픔도 잊은 채로
지난밤 상자에 담았던 아침이

보시고 좋아하셨던 그분처럼
함께 읽어 줄 그 한 사람으로
나는 행복합니다.

## 회상

울음조차 사치스러운
갑자기 찾아왔던 그 병은

잊힌 채로 서 있던
고장 난 괘종시계 같아서

멈추어진 시간은
겨를 없이 지나갔습니다.

입원과 퇴원 여러 번에
생소하던 골목길이 익숙해질 때쯤

왜 나에게 이런 일이
왜 너면 안 되느냐고

마음마저 헤아려 주신 분들
힘을 얻고 용기를 내 봅니다.

불가항력의 담벼락에
고통과 아픔을 보낸 흔적에

회복하면 빚 갚겠다던 몫은
떠나간 그 길에 또 한참을 가야 하고

오래오래 기억될 이름에
고마워서 감사의 말을 남깁니다.

## 나의 기적

내가
교회에 간 것은
순전히 친구 덕입니다.

내가
고백할 수 있는 믿음이 있는 것은
오로지 은혜입니다.

내가
예수님과 같이 걸어온 길은
불가사의한 사실입니다.

내가
천국을 소망하며 살아가는 것은
그저 감사할 뿐입니다.

## 당신에게

새해 첫눈이 흩날리는 날에
이파리 하나 없이 홀로 핀
매화꽃이 안쓰러워

엄동설한 얼어붙는 계절에도
봄볕을 노래하는 이유가
그리움이기에

총총걸음 잦아드는 북풍한설에
햇볕 좋은 창가를 찾아
편지지를 꺼내어

소인을 붙이지 못할 줄 알면서도
지웠다가 쓰기를 하는 까닭은
기다렸던 기억에

소한 얼음에 전해져온 매화꽃 향기가
언 가슴을 녹여 만든 봄날을
당신에게 보냅니다.

**에필로그 (Epilogue)**

## 익숙하기 위해 불편하기

"어휴, 무슨 말을 못 하겠다. 전화도 못 하고." 오랜만에 만난 반가움보다 불편함은 마스크를 쓰고 있어서 다행이었다. 이별과 슬픔을 마주함에 서툴기는 매한가지였다. 당분간 유족으로 살아가야 해서 매우 불편할 것 같다. 아마도 유족을 보는 당사자들도 불편하겠지. 무슨 말을 걸기도 어떤 표정을 짓기도 애매하고 무언가 찜찜하고 외면하고 싶어서가 아니라 우리가 살아온 시간이, 그리고 살아갈 날들이 그런 것처럼 익숙하지 않은 것에 대한 불편함이겠지.

익숙함은 시간이 지나면서 그 길이만큼 잊히고 바래진 결과로 얻어진다. 모든 익숙함이 그랬지만, 이번에는 타협하고 무덤덤해지기보다 불편을 조금 더 오랫동안 마주할 것 같다. 그래야 조금은 덜 미안할 것이니까. 간혹 시간이란 놈은 길이보다 깊이에 좌우되곤 하니깐. 조금 더 많이 웃고 조금 더 자주 이야기해 줄게.

다음에 만나면 서먹하지 않기 위해서, 익숙하고 싶어서 불편을 당당하게 마주하기로 했다.

## 무엇과 사투를 벌이는가?

눈 감기 전 머릿속이 전쟁이다.
우레와는 어떻게 싸울까?
끊임없는 발굽 소리 밀려오는 기마병과는
군데군데 나락으로 떨어지는 나의 애처로운 살점은
방향 잃은 의식이 부유하고

나 대신 한 점 눈물 뚝 흘러주는 그 한 방울

피식 웃음이 나온다.
너의 역할이 마음에 들어 …….

— 아내의 병상 메모에서


## 세찬 바람에는 더 천천히 걷자

나른한 오후에 가을볕이 좋다. 지금까지 소신대로 내가 할 수 있는 만큼은 나름대로 최선을 다했다고 생각한다. 그로 인해 간혹 상처를 주기도 했겠고, 스스로 아픔에 울분을 토하기도 했지만 그리 큰 후회의 일을 남기지 않은 것이 감사하다.

가을바람이 분다. 조금 찬 바람에 옷깃을 여민다. 아내의 빈자리는 내가 느끼는 것보다 나를 아는 대부분 사람이 더 크게 아파하고 있는 것 같다. 나를 보는 눈길부터 달라졌다. 말 한마디 내뱉는 그 일에 무척 곤혹스러워한다. 앞으로 어찌 살아갈 것이냐고?

이런저런 이야기 끝에 순간 멈칫한다. 아하~ 내 생각과 네 생각이 다르다는 것을 느끼게 될 때면 어디 좋은 사람 소개해 주라고 너스레 떤다. 입버릇처럼 '중년 상처'가 불행 중 하나라고 했는데 내가 그 상황이 되고 보니 나를 아는 많은 사람이 이 불행에 어찌할 바를 모르는 듯 힘들어하는 것 같아 되레 미안하다.

바람이 많이 자주 불어올 것이다. 경험도 생각도 못 한 광풍이 닥칠 것이다. 가장 믿었고 의지했던 내 편 없이 이제 오롯이 홀로 바람에 맞서야 한다. 걱정이다. 하지만 더 천천히 걷기로 하자. 세찬 바람에는 등 돌리고 보폭을 줄여야 한다. 조금은 비틀거리고 가끔은 넘어지기도 하겠지.

언젠가 뒤돌아서서 오늘을 추억할 그때 조금은 허풍을 섞어 무용담처럼 이야기할 수 있기를 기대하며, 세찬 바람이 불어오면 올수록 더 천천히 걸어가자. 그러나 도망치거나 숨지는 말자.

## 그냥 지나쳐 버린 것들에 대하여

예전에 들은 이야기다. 청바지를 사는데 일반적으로 남자들은 삼 분도 안 걸리는데 여자들은 세 시간이 족히 소요된다고 했다. 동의할 수 없는 말이다. 일상생활에서도 목적과 목표는 분명해야 하고 계획대로 진행해야 한다고 생각했고, 지금까지 그렇게 살고자 노력한 것 같다. 아이들에게도 그렇게 살아야 한다고 강조해 온 것 같다.

등산은 정상 정복이라 생각했다. 영남알프스 완등도 오로지 정상석에서 인증 사진만 찍었던 기억이다. 올라가면서 만났던 사람들, 이름 모를 꽃들과 나무, 돌멩이 하나까지 숱하게 지나친 많은 것들은 기억에 별로 없다. 오로지 앞만 보고 정상에 올랐던 것이다.

은퇴 후에 시간이 많이 주어지면 그때 손잡고 무심히 지나쳐 온 것들을 하나씩 다시 보자고 약속했다. 동네 야산부터 시작해서 캠핑카로 전국 일주도 하고, 외국의 어느 낯선 마을에서 한두 달 쯤 살아보자고도 했다. 지나간 시간만큼이나 지나온 길도 되돌아가는 것이 어렵다는 것을 간과했던 것 같다. 기회의 뒤는 대머리라고 하지 않았던가?

노란 은행나무가 너무 고왔다. 빨간 단풍나무도 너무 이뻤다. 곱고 이쁜 단풍을 찾아 눈 호강하러 설악에서 내장까지 먼 길 마다

하지 않았던 적도 있었다. 은퇴하시고 인생 2막을 아름답게 사는 페이스북 친구의 사진과 글을 보면서 가까이에서 마주하는 소중한 것에 대해 생각한다. "타인의 가을에 발 동동 구르지 말고 내 가을 느긋하게 만들어보자. 오늘, 담쟁이도 떡잎 한 장으로 시작해서 온 기둥을 다 덮는 것처럼, 달팽이 걸음도 ……"(지인 페이스북에서)

이기는 것이 선이라고 생각했다. 삶은 전쟁이며 싸움과 전쟁은 타인을 이겨야만 살아남을 수 있다고 세뇌하며 살아왔다. 노란 은행잎이 고운 한적한 시골길이 던지는 질문이다. "왜 사는가?" 이제 인생의 근원적인 물음 앞에 진실하게 대답하고 싶다. 그리고 대답한 그대로 살고 싶다. 미뤄 두었던, '나중에'라고 그냥 지나쳐 왔던 숱한 그 모든 것들이 모두 '나'란 것을.

## 갓 버무린 김장에는 수육이 최고

"운다고 달라지는 일은 아무것도 없겠지만 그래도 같이 울면 덜 창피하고 조금 힘도 되고 그러겠습니다. - 박준『운다고 달라지는 일은 아무것도 없겠지만(난다 2017)』" 젊은 시인의 말에 완전 공감이 되어서 4년 전 오늘 페북에 올린 적이 있었지요. 지난 4년 동안 함께 울어준 적이 있었나(?) 생각해 봅니다.

나만의 피난처인 이곳(sjmi.tistory.com)에 글을 쓰고 사진을 올린 지도 꽤 시간이 지났습니다. 매일 사랑방 문을 열듯 이곳에 오면 구독자 수와 그래프가 눈에 들어옵니다. 과연 누가 읽을까? 그리고 내 글을 읽고 어떤 생각을 할까? 불편하지는 않을까? 같이 울고 웃기는 하는 걸까? 흔적의 단서를 찾고 있는 나를 발견하고는 피식 웃습니다.

현재 등록 구독자는 두 분입니다. 한 분은 반강제로 가입시킨 직장 동료이고, 한 분은 글을 참으로 이쁘게 쓰는 대학 친구죠. 구독자가 되는 방법을 모르겠다며 힘들어했던 '라떼'분도 몇 분 있어서, 어떤 날은 100여 명이 넘게 입장한 적도 있었지만 서너 분도 보지 않았던 날이 더 많았죠. 식물 블로그 수준이지만 저에게는 참으로 소중한 공간이랍니다.

글에 거짓을 짓지 않으려 가감 없이 드러내다 보니 거칠고 설익은 것이 많았지요? 그러나 조금 더 진실하고 정직으로 바르게 살아보려고 시작한 이곳에서 동무처럼 공감해 주시는 구독자가 있어서 '행복'이란 단어를 생각할 수 있었습니다. 예전에는 달리다가 넘어지면 창피해서 일어나지 못한 적이 많았습니다. 누가 볼까 봐, 누가 알까 봐. 하지만 이곳에서는 넘어져도 창피할 필요가 없는 또 다른 나 자신과 대면할 수 있어서 당당할 수 있었습니다.

운다고 달라지지는 않지만, 같이 울면 덜 창피한 것처럼 고단한 인생길에 저와 함께 울고 웃을 수 있는 동무가 많았으면 좋겠습니다. 조금 더 시간이 지난 후에는 이곳에 올린 글과 그동안 끼적거려온 것들을 묶어서 시집(두 번째)을 낼까 합니다. 동무들에게 선물할 생각에 미리 마음이 풍성해집니다. 갓 버무린 김장에 수육 한 점처럼 맛깔나고, 사람 냄새 물씬 나는 책이었으면 좋겠습니다.

구독자 여러분의 삶을 응원합니다. 제가 가는 길도 응원해 주시면 고맙겠습니다. 가끔 이곳에 들러서 지친 삶을 내려놓고, 생각과 삶을 나눠 주시면 더 좋겠습니다. 흔적들은 다른 동무들에게 힘이 되기도 하고, 도전이 되기도 하겠지요. 부족하지만 저는 그 흔적을 긁적이는 지기가 되어야겠지요.

## 그날과 오늘, 28년

영화를 보고 소설을 읽을 때면 언제나 주인공에 집중했었다. 태정태세문단세…… 역사를 공부할 때도 왕에게 초점을 맞추었다. 별로 상관이 없는 듯 행동하면서도 눈을 뜨면 인터넷 신문 머리기사에 눈길을 먼저 준다.

내 인생의 주인공은 '나'와 '아내'라고 생각했다. 아카데미 오스

카는 아니더라도 스스로 남우주연상과 여우주연상을 받는 꿈에 미소를 짓곤 했다. 그랬다. 일 년 전까지만 해도 오늘은 이벤트를 생각하고 선물을 준비했었다.

그날도 오늘처럼 토요일이었다. 눈이 많이 내렸다. 그래서 잘 살 거라고 했다. 전날 친구랑 미리 밀양에서 하룻밤을 자고 식장으로 갔을 때 하객을 태운 버스는 폭설로 가지산 고개를 넘지 못하게 해서 우회하느라 식이 끝나고 나서 도착했다고 한다. 얄궂은 피로연도 있었다. 조각조각으로 맞춰지는 그날의 시간과 기억들에 피식 웃는다.

많은 일이 있었다. 28년 세월을 함께 살아낸 시간과 공간들이 수북이 쌓였다. 누군가는 인생길을 텅 빈 우주의 시간을 잠시 채웠던 흔적이라고 한다. 내 것으로 생각하고 채우고 쌓았던 그 많은 것들이 무한의 공간과 시간에는 그저 잠깐 머무른 미미한 것들이라고.

인생의 주인공은 사람이 아닌 것 같다. 주인공은 죽지 않는다. 멋있게 왔다가 쓸쓸하게 떠나야 하는 사람들은 애당초 주인공이 될 수 없다. 시간과 공간을 생각하면 더욱 그런 것 같다. 우리의 시간과 공간은 어디까지 연결되어 있을까? 현재의 이 시간과 지금의 이 공간이 당신의 시공과는 어떻게든 연결되어 있을 것 같다. 28년 전 그날처럼 만나면 진하게 포옹하겠지, 그 생각에 절로 미소 짓는다.

열심히 살아왔다고 생각한다. 아니 열심히 살아내도록 했었다. 배우가 배우 되게 하는 감독처럼, 당신이 그랬다. 병든 노모를 지극정성으로 봉양했고, 욕심 많은 모난 촌놈을 많이도 보듬었다. 고맙다는 말, 감사의 말과 사랑한다는 말을 할 수 있게 한 당신이었기에 좋았다.

주인공 자리는 양보할 수 없을 것 같다. 당신 몫까지 하려면 더 노력해야 하겠지만, 그날 당신에게 남우주연상은 꼭 받아야겠다. 이제는 우리 아이들이 주인공이 되어 더 좋은 작품을 할 수 있도록 할게. 끝까지 응원해 주기를 바라며, 사랑해^^

"시와 찬미와 신령한 노래들로 서로 화답하며 너희의 마음으로 주께 노래하며 찬송하며 범사에 우리 주 예수 그리스도의 이름으로 항상 아버지 하나님께 감사하며 그리스도를 경외함으로 피차 복종하라(엡 5:19~21)"

언 가슴 녹여 만든
# 봄날을 당신에게 보냅니다

1쇄 인쇄 2022년 4월 7일
1쇄 발행 2022년 4월 8일

**지은이** | 정승준
**펴낸이** | 김희호
**펴낸곳** | 유진북스 U-JIN BOOKS
**기　획** | 방수련, 임은희
**디자인** | 김보경, 방지영, 하영순
**등　록** | 제 2002-000001호(2002년 3월 8일)
　　　▪ 주소_ 48956 부산광역시 중구 광복로97번길 18, 605호
　　　▪ 문의_ 051-257-1595~6
　　　▪ E-mail_ ujinbooks@naver.com

ISBN 978-89-93957-71-6 03810
Copyright (c) 2022 by U-JIN BOOKS

** 이 책자의 판권은 지은이와 유진북스에 있습니다. 저작권법에 보호를 받는 저작물이므로 양측의 동의 없이 책 내용의 전부 혹은 일부분의 무단 전재 및 무단 복제를 금합니다.

이 도서의 국립중앙도서관 출판시도서목록(CIP)은 서지정보유통지원시스템 홈페이지 (http://seoji.nl.go.kr)와 국가자료공동목록시스템(http://www.nl.go.kr/kolisnet) 에서 이용하실 수 있습니다.